tous nos meilleurs voeux
pour ta vie québecoise,
avec, ici, un souvenir
norvégien. Et ailleurs un
souvenir Remois.

Nous t'embrassons très fort,
Sébastien et Line-Haï

10
18

12, AVENUE D'ITALIE. PARIS XIIIe

Sur l'auteur

Erlend Loe est né en 1969 à Trondheim, en Norvège. Diplômé de l'École de cinéma de Copenhague, il est scénariste et vit à Oslo. Il est l'auteur de plusieurs romans et albums pour la jeunesse et pour adultes, dont *Naïf. Super* qui a été traduit en dix-neuf langues et couronné par le Prix du Télégramme, *Autant en emporte la femme* – porté à l'écran par le réalisateur norvégien Petter Næss –, *Doppler* et *Volvo Trucks* (Gaïa, 2006).

ERLEND LOE

AUTANT EN EMPORTE LA FEMME

Traduit du norvégien
par Jean-Baptiste COURSAUD

10/18

« Domaine étranger »

dirigé par Jean-Claude Zylberstein

GAÏA ÉDITIONS

Du même auteur
aux Éditions 10/18

Titre original :
Tatt Av Kvinnen

ISBN 978-2-264-04302-3

Première partie

1) C'est à cette époque qu'elle se mit à venir plus souvent. Le soir, juste avant que j'aille me coucher. Elle s'asseyait, puis elle parlait. Toujours des mêmes choses. De la tranquillité qu'elle aimait tant, du bien-être que constituait le simple fait d'être seul. Et elle parlait. Et elle n'en finissait pas. Il arrivait que je pique du nez, que j'aie de courts instants d'absence. Elle ne le remarquait pas. Je me réveillais, chaque fois avec un léger sursaut, parfois même en émettant un petit bruit, du fond de la gorge.

Quand je retrouvais mes esprits, je découvrais qu'elle parlait toujours. De cette merveilleuse tranquillité que deux personnes peuvent éprouver ensemble, de cette infinie délicatesse qu'une personne est en mesure de ressentir pour l'autre et de lui témoigner. L'harmonie. Voilà de quoi elle parlait. La communication. Mais elle parlait si vite. Et j'avais si peu l'occasion de dire, excuse-moi, qu'est-ce que tu viens de dire ? Assis dans mon fauteuil, j'approuvais, d'une écoute manifestement intense, par des hochements de tête silencieux et un tantinet formels. Ça, c'est certain, disais-je, avec force mouvements de tête appuyés, le ciel et l'océan, oui, bien sûr. Et je la regardais. Ses jambes, puis ses lèvres. De belles lèvres, de très belles lèvres. Je savais très précisément quand elle s'apprêtait à chercher mon regard pour me retrouver ailleurs que dans cette avalanche de mots. Là, mon regard était prêt, calé, un poil en avance sur elle. Comme qui dirait dans l'expectative. Elle se ménageait de longs intervalles entre chacun des instants où elle avait besoin de mes yeux pour pouvoir continuer. J'avais fini par les apprendre, ces intervalles. Il m'avait fallu, allez, cinq soirées pour y arriver, environ. Enfin bon, je ne tenais pas de comptabilité non plus, hein.

2) Un soir, elle arriva plus tard que d'habitude. Je m'étais couché. À toute vitesse, je m'emparai du premier slip qui me tomba sous la main. Lequel se révéla le plus vicieux d'entre tous mes slips. Sans élastique au niveau des hanches, ou quasi. Pour ainsi dire une jupe, dans la pratique. Je devais sans cesse redoubler de vigilance, m'asseoir dans des positions particulières, surtout ne pas me lever d'un bond. Nonobstant, j'estimais cette tenue nettement moins malencontreuse que le port d'un caleçon long. Pareil sous-vêtement aurait en effet pu être interprété par elle comme un signe l'autorisant à rester, comme un sous-entendu selon lequel je n'avais pas l'intention de dormir, oui, comme le signal d'une nuit pour moi sans limites ni fin.

Frappé par la justesse de cette décision, je réalisais, dans le même temps, combien la différence entre un être humain en slip et un être humain en caleçon long est colossale, sinon incommensurable. Vêtu d'un caleçon long, on est prêt à tout. Aucune action n'est impensable. En slip, en revanche, on est libre. Il serait bien difficile, par exemple, de proposer à un homme en caleçon long d'aller se promener au beau milieu de la nuit, suggestion qui du reste ne m'aurait pas surpris venant d'elle.

Elle s'asseyait dans le fauteuil habituel, toujours le même. Au plus près du cendrier. Et comme d'habitude, elle disait combien elle appréciait la tranquillité, qui signifiait tant pour elle, certainement beaucoup plus que ce que j'étais en mesure d'en comprendre. J'approuvais d'un hochement de tête. Après quoi, elle embrayait sur son père. Ils entretenaient des relations exécrables tous les deux, disait-elle. Puis elle détaillait ce que son père avait fait et dit, n'avait pas fait et n'avait pas dit pendant de longues périodes de sa jeunesse. Je m'étais certainement assoupi (j'ai toujours tellement de mal entre deux et trois heures du matin), car je me souviens de m'être réveillé en sursaut avec les bribes d'un incident particulièrement déterminant, datant de son enfance. Elle en était au cœur de l'histoire.

Ce qu'elle me racontait me scandalisa, aussi, pas mécontent de pouvoir enfin lui donner la réplique, je lui confiai que c'était la chose la plus horrible que j'avais jamais entendue, et lui conseillai de prendre son père à partie et de jouer cartes sur table. Le plus tôt serait le mieux. Lui rentrer dans le lard, carrément. Seigneur ! Elle était tout de même majeure et vaccinée, dis-je. Il fallait qu'elle règle ses comptes avec cet homme qui lui faisait office de père. Elle devait le contacter séance tenante, oui, décidément, peut-être même dès le lendemain. Qu'attendait-elle ?

Après, nous nous regardâmes longuement. J'avais pris la parole, je m'étais impliqué, je m'étais embringué dans son histoire. C'était indéniable. Je me demandais si elle trouvait que j'avais pris assez de gants.

3) Le lendemain, au travail, je recevais un coup de fil d'un certain monsieur Slind-Hanssen. Et que puis-je faire pour vous ? demandai-je. Ici, c'est moi qui cause, répondit-il. Je répliquai que, en effet, j'entendais que c'était lui qui causait. Et soudain, pile une seconde trop tard, je compris que c'était son père. Il était, mais alors, furax. Je fus forcé de maintenir le combiné à une distance respectable de mon oreille. Il m'informait que Marianne (puisque telle se prénommait-elle) lui avait rendu visite tôt ce matin. Elle lui avait passé un sacré savon, envoyant valdinguer par terre son petit déjeuner (l'œuf à la coque, la tasse de café, la confiture de groseilles à maquereau). Elle lui avait annoncé qu'elle avait enfin rencontré un homme (moi) qui la comprenait et lui avait ouvert les yeux.

Elle lui avait signifié qu'elle ne voulait plus jamais le revoir. Après quoi elle avait joué avec l'interrupteur, allumant puis éteignant la lumière un tel nombre de fois que l'ampoule avait grillé, sans cesser de crier qu'il avait fait de son enfance une traversée du désert, que ce qu'il lui avait donné n'était qu'un gâchis, que tout était de sa faute, tout, sa faute à lui, son entière faute, rien que sa faute, la sienne, tout.

Je tentai de réconforter le pauvre homme. Puisque malgré tout, dis-je, elle ne lui avait pas signifié qu'elle le détestait, nous nous prenons tous parfois une soufflante, ça allait bien finir par s'arranger, ne le croyait-il pas lui aussi ? Mais non. Il ne le croyait pas. Et il trouvait que je devrais plutôt faire attention à moi. Il le répéta à de nombreuses reprises (je trouve que vous devriez faire attention à vous, espèce d'insolent, d'impertinent). Il n'osait d'ailleurs imaginer ce qu'une personne aussi tordue que moi pouvait bien trouver à fabriquer avec sa (seule) fille.

Prenant enfin conscience de la gravité de la situation, j'essayai d'expliquer que je n'avais nullement encouragé Marianne à rompre avec lui, loin de moi cette idée, dis-je, pas un seul instant ça n'avait été mon intention. Il m'interrompit avant d'ajouter, d'une voix blanche, que si jamais il me croisait dans la rue, je ne pouvais pas exclure qu'il m'en fiche une en pleine figure, et carabinée.

4) Et Marianne continuait de venir. Avec un enthousiasme plus débordant que jamais. Elle se mit à m'apporter des petites choses. Du thé à l'orange. Un soir, un concombre. Et de temps à autre des sacs plastique remplis de chocolat que lui avait donné une amie flanquée d'un diabète et d'un boulot à mi-temps à l'usine de chocolat de Nidar-Bergene. Eh oui, elle ne travaille qu'à mi-temps, expliqua Marianne en laissant un ange passer afin que je me sente obligé de m'enquérir auprès d'elle de la raison pour laquelle cette employée de Nidar-Bergene n'avait pas d'emploi à plein temps. Eh si, non contente d'être mère célibataire, cette Nidar-Bergene-là trouvait que c'était légèrement compliqué de se lever le matin, m'expliqua Marianne. Puis elle partit de ce rire un peu bougon dont elle a le secret, en levant les yeux au ciel afin que nous pensions tous deux à l'horreur que

constitue un lever aux aurores, et tombions d'accord sur ce point. J'acquiesçai et levai les yeux au ciel. De manière catégorique.

Je ne réussis néanmoins pas, cette nuit-là, à évacuer ma fatigue.

5) Un soir, elle voulut m'embrasser. Jugeant sans doute le moment tout à fait adéquat. Je la vis très clairement prendre une inspiration puis rassembler ses lèvres tremblotantes. Et ensuite se pencher. Tu veux du thé à l'orange ? demandai-je (j'ai du miel). Ah oui, tiens ; tu as du miel, toi ? demanda-t-elle à son tour, la voix traînante.

6) Nous étions allés au cinéma. Voir un navet abominable qui m'avait quasiment laminé. À la fin, notre homme avait sauté d'une montagne. Je pleurais, je voulais rentrer à la maison. Nous nous dirigions vers un café. Marianne voulait que nous prenions une petite bière en fumant des cigarettes, et que nous parlions du film. Il lui fallut deux pintes pour me dire combien le film en question l'avait mise en joie. La fin, surtout. Elle adorait la fin. Elle était persuadée que notre homme avait eu des ailes, qu'il s'était envolé, et elle refusait, avec un acharnement coriace, d'envisager la possibilité qu'il ait pu mourir au pied de la montagne. Non, il s'était envolé vers le ciel pour remercier l'humanité de la vie qui lui avait été donnée. Écoute, dis-je, nous avons tout de même vu l'homme sauter, il a disparu, Marianne, il a sauté dans la mort. Pour commencer, il a glissé vers le bas, certes, admit-elle, mais ensuite il s'est

envolé. Et comment pouvait-elle le savoir (puisque le film s'arrêtait sur cette scène, bordel) ? Mais si, parfaitement, réfléchis. Elle, elle le savait.

7) Le regard fuyant, je faisais en sorte que Marianne ne pénètre pas dans mon champ de vision. Au lieu de quoi je fixai le cendrier pendant un petit moment. Nous étions ex æquo, 2-2, même si, en fait, je menais, vu que j'avais jeté le premier mégot par la fenêtre.

8) Marianne m'appela au travail. Elle avait une voix légère, enjouée. C'était tellement bien que je sois tombé d'accord avec elle, dit-elle. J'essayai de me souvenir de la teneur, la nuit passée, de notre conversation. Je ne me souvenais de rien. Eh bien dans ce cas j'arrive, annonça-t-elle. Je hochai la tête à l'intention du téléphone en disant, oui, tu n'as qu'à venir, dans ce cas, ce sera sûrement bien.

9) Elle débarquait le soir même. Pour emménager. Avec douze cartons de taille moyenne et une commode ocre.

10) Je m'étais mis à aller à la piscine. C'était bien la seule chose raisonnable à faire. M'octroyer du temps pour être un peu seul. Je m'étais acheté une carte à l'année. Une carte perforée, jolie, en plastique blanc, gravée de mes nom et prénom écrits en lettres pâles. J'y allais tous les jours, après le travail, en m'astreignant à développer une relation sympathique avec l'ambiance délétère qui y régnait. Je passais des heures dans le sauna où je lisais. Comme tu perds du poids, disait Marianne. Et en effet, je perdais du poids.

11) Pendant toute une semaine, je fis l'objet de poursuites assidues, ourdies par un homme d'âge mûr, bedonnant, au nombril protubérant. Sous la douche, au sauna, au vestiaire, sous le séchoir à cheveux. Il me suivait comme un petit chien, où que j'aille. C'était singulièrement frappant. Un jour, nos regards se croisèrent, au sauna. Comme je venais de terminer mon livre, je relevai les sourcils. Nos yeux se fichèrent l'un dans l'autre à travers la vapeur. J'étais loin de m'attendre à un regard pareil. Calme, humble, désespéré presque. J'allai prendre une douche. Il me rattrapa tandis que je nouais mes lacets. Nous nouions de conserve, en silence. Enfin, il ouvrit la bouche pour signaler que je devais songer à me procurer des lunettes de piscine, non sans

citer plusieurs marques possibles qu'il débita à toute allure. Un tel achat s'imposait, disait-il, comme ça, ça m'éviterait d'avoir les yeux rouges.

12) À de rares exceptions près, Marianne se trouvait toujours à l'appartement lorsque je rentrais. Je lui racontai ce que l'homme au nombril protubérant m'avait suggéré. Elle souffla dans mes cheveux encore humides en disant que c'était une sacrément bonne idée que je devais réaliser sans plus tarder. Nous convînmes de nous retrouver dans le centre le jour suivant. Elle avait envie de m'accompagner pour, disait-elle, choisir les lunettes ; elle voulait veiller à ce que j'aie les meilleures. Oui, nous devons rester sur nos gardes, les apparences sont trompeuses, disais-je quant à moi ; il s'agirait de ne pas nous laisser embobiner, disais-je aussi.

13) J'avais pris ma pause déjeuner de bonne heure pour aller retrouver Marianne. Tu as attendu longtemps ? Elle répondit que oui, mais que ce n'était pas grave car entre-temps, elle avait mangé une glace à l'italienne, une part énorme, un vrai bonheur. Quoi ? criai-je. En octobre ? Comment ça, en octobre ? Une glace à l'italienne, répondis-je. Une glace à l'italienne, et alors ? Mais bordel de merde, Marianne, tu t'enfiles réellement une glace à l'italienne en octobre ? Bien sûr que je m'enfile une glace à l'italienne en octobre, et d'ailleurs, je le fais quand ça me chante. Je dois dire que je n'aime pas du tout ça ! hurlai-je. Il y a un temps pour tout, Marianne ! Et tu sais aussi bien que moi que le mois

d'octobre n'est pas la saison des glaces à l'italienne. Bien sûr que si. Et moi je te dis que non ! Eh bien moi je te dis que si ! Et je me remis à lui hurler dans les oreilles : non, putain de bordel à queue ! Puis un grand silence se déposa.

Au bout d'un moment, je présentai mes excuses (je suis désolé), ajoutant que je venais de me ridiculiser. J'avais dû complètement perdre mon sang-froid. J'étais une andouille. Et, rongé par le remords : peux-tu me pardonner, Marianne ? Oui, se contenta-t-elle de répondre.

Nous nous prîmes dans les bras l'un de l'autre, puis elle mit ma main dans la sienne avant de me conduire au magasin, d'un pas décidé.

Maintenant, ça rigole plus, dis-je.

14) C'est presque un mur entier couvert d'articles de piscine qu'ils avaient, dont une dizaine de lunettes différentes. Cette offre écrasante me laissait pantois. Je tendis le bras pour attraper une paire de marque Speedo, touchai, palpai, et, oui, je dois le dire, elles m'avaient conquis. De surcroît figuraient, sur l'emballage, la mention *Super goggle* et, au dos, une présentation intitulée *Caring for your goggle*. Et *goggle*, ça veut dire ? m'enquis-je auprès de Marianne. Lunettes de piscine, répondit celle-ci. Génial, je les prends. Ah ça, certainement pas, m'interdit-elle. Bon, du calme. Puis, reculant d'un pas, elle resta là un long moment, immobile, silencieuse.

Un vendeur commençait à nous tournicoter autour, discrètement. Tandis que Marianne jaugeait les lunettes, je faisais les cent pas, tantôt à sa gauche, tantôt à sa droite, tantôt derrière elle, en lui disant : écoute. Et soudain, le vendeur fondit sur nous et claironna un bonjour (bonjour bonjour). Oui c'est ça, bonjour toi-même, répliqua Marianne. Je peux peut-être vous aider ? Hochements de tête enthousiastes de ma part. Non catégorique de la part de Marianne. Nous restâmes donc seuls un petit moment encore à examiner sous toutes les coutures les paires de lunettes. Celles-ci, s'exclama enfin Marianne. Celles-ci et aucune autre. En plastique rouge, avec des verres fumés, *Champion goggle*, et pourvues d'une *ultra violet protection*. Les plus chères. Que veux-tu que je fasse avec des lunettes aussi chic ? fis-je remarquer. Marianne me prit à part, estimant que, là, ça suffisait, c'est moi qui allais l'écouter maintenant, puisque, n'est-ce pas, qui s'était acheté un abonnement d'un an à la piscine, hein ? Et pendant qu'elle y était, elle trouvait aussi que je devais m'acheter un pince-nez. Plus précisément un *stainless steel rubber dipped nose clip with elastic band (one size fits all!)*. Je frémissais à l'idée d'une humiliation pour peu que l'ustensile ne m'aille pas, mais Marianne, acquiesçant silencieusement, me dévisagea avant d'ajouter : allez, ne fais pas l'enfant. Je casquai 108 couronnes.

En sortant, et alors que nous étions enlacés, je remerciai Marianne d'avoir veillé à ce que nous ne nous soyons pas laissé embobiner.

15) Plus ça allait et plus nous restions à la maison le soir. Marianne et moi. Ma peau sentait le chlore, ce qu'elle ne manquait jamais de faire observer. Parfois, elle ne trouvait rien de mieux que de me demander

d'aller mettre mes lunettes de piscine. Oh naaan, disais-je en soufflant de confusion par le nez. Si, allez, tu fais super balaise avec. Mais il est tard, tentais-je. Ah, tu ne vas pas recommencer, hein ! Et je les enfilais. Ça l'excitait. Elle voulait que nous fassions l'amour sur le canapé. Arrête, disais-je. Là, elle embrayait sur nos corps, nos corps maladroits capables de faire des choses tellement bonnes pour nous. J'observais ses lèvres, prenant toujours garde à croiser son regard dès qu'elle cherchait le mien. Puis de nouveau ses lèvres. Rose pâle à l'extrémité, vers la peau du visage, rouge profond vers l'intérieur de la bouche – et il est essentiel d'élaborer une relation détendue avec son corps, selon elle. J'opinais. Et, sitôt la phrase suivante prononcée, la voilà qui déjà enlevait tous ses vêtements (mais ne reste pas planté là !). Et, au fur et à mesure, force m'était de reconnaître qu'elle était sexy, qu'elle trouvait que je l'étais aussi, et que finalement il n'en fallait peut-être pas davantage. Regarde-moi à travers tes lunettes de piscine, hoquetait-elle. Et je la regardais.

16) Marianne avait acheté une bouteille de vin rouge. Elle lui avait coûté plus d'une centaine de couronnes. À mon avis, et je m'en ouvris, elle avait fait preuve d'une générosité phénoménale. Tu n'as strictement aucun avis à avoir, avertit-elle.

Or nous ne trouvions pas le tire-bouchon. Je ne manquai pas de m'en étonner. Où pouvait-il bien se cacher, celui-là ? Nous cherchâmes, longtemps. Retournant les tiroirs, à maintes reprises. La vérité, c'est que je n'avais pas de tire-bouchon. Je ne buvais jamais de vin.

Mais Marianne connaissait une méthode (regarde). Elle serra la bouteille entre ses cuisses et frappa sur le cul de la bouteille aussi fort qu'elle put, pendant dix bonnes minutes. Qu'est-ce qui est censé se passer ? m'enquis-je. Elle ne répondit pas. Se bornant à me demander de lui tenir la bouteille de manière à ce qu'elle rassemble toutes ses forces pour optimiser son coup. Hé, dis donc, dis-je, si tu crois que le bouchon va péter, tu te fourres le doigt dans l'œil. Le vin ne contient pas de gaz carbonique. Pourtant elle l'avait toujours cru. Un Polonais lui avait enseigné cette méthode. Et il y était arrivé ? voulus-je savoir. Elle éluda la question. Tu t'es fait embobiner, Marianne.

17) Finalement, nous réussîmes à enfoncer le bouchon en appuyant dessus avec un crayon. Ben tu vois ! exultait Marianne en frappant dans ses mains. J'allai chercher des verres et nous nous assîmes dans le canapé. Comment tu trouves ? demanda-t-elle après la première gorgée, visiblement crispée. Comment je trouve quoi ? Elle désigna la bouteille d'un geste énervé. Ah, ça... Euh, oui, vachement bon. Vraiment très particulier et très, mais alors très bon. Il laisse comme qui dirait une bonne sensation, dans la bouche et dans la gorge. Bien sûr qu'il est bon, répliqua Marianne. Mais est-ce que je sentais autre chose ? Autre chose ? répétai-je en m'efforçant de trouver cet autre chose. Je me demandais ce qui pouvait être mieux que bon et seul me venait le mot excellent, ainsi que d'autres adjectifs du même acabit. Divin, dis-je au bout d'un moment. Certes, concéda Marianne, mais encore plus que ça ? Encore plus que

ça ? Désolé, je séchais complètement. Mais peut-être, elle, pouvait-elle éclairer ma lanterne ? Elle le pouvait, en effet. Et elle m'expliqua que nous buvions un vin doté d'une forte personnalité. Il ne suffisait pas de déclarer qu'il était bon. Non, c'était même médiocre, comme déclaration. Et pourquoi ? demandai-je, mais elle me somma de ne pas l'interrompre. Le vin était, selon elle, gracieux, plantureux, il atteignait des summums, il s'épanouissait, se déployait, et nous n'avions pas devant nous un vin d'un style fuyant ou pudique. Marianne, je le comprenais, était satisfaite de son vin. Elle y trempa ses lèvres avant de prendre une inspiration et de souligner qu'elle n'avait pas bu un vin aussi éloquent depuis une éternité. Et particulièrement impertinent, qui plus est. Nous buvions un vin impertinent.

Impertinent, oui, dis-je – et d'avaler une longue gorgée (mmh...) non sans ajouter que, punaise, je croyais bien qu'elle avait bigrement raison, Marianne. C'est comme s'il essayait de dissimuler son secret, poursuivit-elle, il s'estompe rapidement, tente de se soustraire à notre jugement. Et d'ailleurs, jamais de sa vie elle n'avait goûté à pareille lâcheté de la part d'un vin de cette région, pouah, pestait-elle, la lâcheté lui collait au gosier, allez, zou ! à mon tour de goûter. Et elle appuya son verre contre mes lèvres (tiens !). Je goûtai, m'appliquai, et finis par lui donner raison, précisant qu'on avait l'impression que le vin voulait se faire plus éphémère qu'il ne l'était déjà.

Elle me fusilla du regard. Imbécile ! lâcha-t-elle simplement.

18) Le lendemain, j'achetai un tire-bouchon. Un vieux modèle qui aurait très bien pu m'appartenir depuis le début des années soixante-dix. Je le rangeai au fond du tiroir et le retrouvai, par hasard, dans le courant de l'après-midi, au moment de faire frire des boulettes de poisson. Ouh là ! criai-je. Viens donc voir qui se cache, là ! Il n'a pas dû changer de place en fait. Oui, ça n'a rien d'étonnant, les choses qui disparaissent et réapparaissent ensuite, dit Marianne en riant. C'est dingue ! dis-je moi-même.

19) Et puis nous partîmes nous balader. Tu ne crois pas que c'est un peu tard pour trouver des myrtilles ? m'inquiétai-je. Marianne leva les yeux au ciel. Je suis toujours partante pour les balades, claironna-t-elle.

Munis de nos seaux et de chacun notre peigne à myrtilles, nous portions, en plus, de bonnes bottes, renforcées de semelles intérieures et de papier journal. (J'ai besoin de mes moufles ?) Puis nous prîmes le bus qui nous emmena loin, très loin dans la forêt. Marianne me chuchota qu'il n'était pas nécessaire de garder mes moufles dans le bus. Elle craignait que les gens la prennent pour mon éducatrice spécialisée. Je retirai mes moufles que je posai entre nous, sur le fauteuil, et elle hocha la tête de satisfaction. Elle me donna une petite tape sur le genou, aussi.

20) J'oubliai mes moufles dans le bus. La chiotte ! dis-je. Fait chier ! dis-je encore. C'était sa faute. Elle les avait cachées sous ses cuisses. J'insinuai du bout des lèvres (mais à plusieurs reprises) qu'elle l'avait fait

exprès. Elle m'envoya paître en me prévenant, sur un ton peu amène, qu'elle ne supporterait pas mes pleurnicheries une seconde de plus. Nous partions à la cueillette des myrtilles et nous allions bel et bien en cueillir, moufles ou pas moufles.

Pendant la première heure, nous ne vîmes pas la trombine de la moindre myrtille. Puis je tombai sur un petit champignon. Bravo ! s'exclama Marianne, par ailleurs d'avis qu'il s'agissait d'un bolet roussissant. Mais il est tout confit, me lamentai-je. Marianne estimait qu'il retrouverait des couleurs dès qu'on l'aurait rapporté avec nous, au chaud. Juste après, nous trouvâmes des myrtilles, gelées elles aussi. Quand elles tombaient dans le seau, on aurait dit des grêlons. J'étais frigorifié, mais les arbres avaient de jolies couleurs. Je devais au moins l'admettre, disait Marianne. Bien sûr que oui, disais-je. Je n'avais rien contre le fait d'être d'accord sur ce point. Et Marianne n'avait qu'une idée en tête : marcher, marcher et marcher encore. Prems en haut de la colline ! me lança-t-elle.

Ne t'avise plus de me repremser ! lui lançai-je.

21) Nous cueillîmes jusqu'à la tombée de la nuit. Je suçais des myrtilles gelées en faisant comme s'il s'agissait de bonbons acidulés. Marianne, exultai-je, si tu tiens mon champignon comme ça, et que tu le suces, on aura presque l'impression que c'est une glace. T'as qu'à croire, ouais, rétorqua-t-elle. Nous finîmes par reprendre le bus pour rentrer.

Je priai Marianne de demander au chauffeur s'il avait vu la trace de mes moufles. Fais-le toi-même, répliquat-elle – ce qui, à mon sens, était hors de question. C'était tout de même sa faute si je les avais oubliées. Et elle demanda. Et elle revint avec un air triomphant, disant que ce n'était pas la responsabilité du chauffeur de surveiller les effets personnels des passagers distraits. Quoi ! C'était tout ? (Espèce de nabot arrogant !) Du coup, je sautai sur mes pieds, il allait voir de quel bois je me chauffais. Mais Marianne me somma de me calmer. Le chauffeur nous invitait à nous adresser au bureau des objets trouvés de la compagnie de bus, racontait-elle. Je me rassis, hochant la tête en silence, les dents serrées.

Demain à l'aube, promis-je.

22) Ces moufles avaient une grande signification pour moi. Elles m'avaient été offertes par mon grand-père, une crème d'homme. Et voilà que Marianne s'était débrouillée pour que je les oublie.

Je songeais que si elle avait eu des cuisses un peu plus élancées, ceci ne serait pas arrivé. Je le lui dis. Elle se dévêtit et, nue, me demanda ce qui clochait avec ses cuisses. Comme rien ne clochait, je dus retirer mon allégation. Marianne me proposait de me dévêtir à mon tour, plutôt que de jouer les ronchons. J'obtempérai, tant et si bien que nous fûmes deux à nous retrouver à poil.

Après quoi je me rhabillai et filai au bureau des objets trouvés de la compagnie de bus.

23) Un temps passa. Marianne avait pris pour habitude de se réveiller le matin en déclarant que j'étais tellement mignon quand je dormais. À l'en croire, je pre-

nais une expression à la fois douce et détermin
donc, disais-je. Elle poussait son argument
point d'en déduire que je devais être amoureux d'elle. Elle le voyait à moi, carrément, soutenait-elle.

D'un haussement d'épaules imperceptible, je lui demandai s'il lui arrivait souvent d'avoir des insomnies. En effet, ça ne lui arrivait pas si rarement.

24) Oh ben ça alors, s'exclama Marianne, c'est bientôt le solstice d'hiver. En conséquence de quoi elle estimait qu'une fête s'imposait. Et de lancer aussitôt les invitations : *Vous êtes les bienvenus à la fête que nous organisons en l'honneur du soleil qui tournera jeudi prochain, à 20 heures. Apportez du vin ou de la bière.* Le soleil ne tourne pas, voyons, dis-je dédaigneusement. Bien sûr que si, dit-elle catégoriquement.

Elle voulait inviter deux camarades de fac et l'amie de l'usine de chocolat de Nidar-Bergene. Et moi, qui allais-je inviter ? Je demandai au voisin de l'autre côté du couloir. Il acceptait volontiers, ajoutant néanmoins que, comme il devait participer à un match de curling, il arriverait un poil en retard. Seulement lui ? s'étonna Marianne, au détour d'une subordonnée, tandis qu'elle se brossait les dents. Oui, l'avisai-je.

25) Je me lançai dans quelques méditations. Après que Marianne se fut couchée, je laissai mon regard flotter dans le salon. Sa commode ocre déparait mon appartement. Je songeais aussi au fait que la présence soudaine de Marianne entre ces murs était, en un sens, foncièrement ahurissante. Le tout était d'ailleurs quelque peu

surprenant. Je fus saisi par une fâcheuse sensation de précarité. J'avais beau tenter de cerner la nature précise de cette sensation, je me retrouvais constamment dans une impasse. Toujours est-il que Marianne était là, que sa commode était là elle aussi, et que tous ses vêtements comme ses effets personnels s'étaient déjà mélangés aux miens. Bon.

Je me décidai à tomber raide dingue amoureux d'elle. Voilà. J'allais même commencer pas plus tard que le jour d'après. On ne pouvait guère faire plus vite.

26) Ta commode ne va pas très bien avec le reste, disai-je le lendemain. Comme elle n'avait pas entendu, je répétai ma phrase : Hé, ta commode ocre ne va pas très bien avec mon salon. Tu trouves ? Oui. Nous n'avions qu'à en acheter une plus grande, alors, estimait Marianne, ce à quoi j'expliquai que ce n'était pas la taille qui me chagrinait, mais la couleur.

Elle, de son côté, trouvait la couleur impeccable. C'étaient plutôt les murs, oui, et les autres meubles qui n'allaient pas. Comprenant de quoi il retournait, je la priai de se préparer à ce que je repeigne sa commode (Marianne, je vais repeindre ta commode). Elle répliqua que non, qu'elle n'y était pas du tout préparée. Il n'en était pas question. Et de me demander si je ne pourrais pas plutôt repeindre mes propres affaires.

Si, bien sûr, je le pourrais, répondis-je.

Et je partis.

27) Je partis à la piscine. En marchant à une vitesse excessive. J'étais prodigieusement agacé de lui avoir lais-

sé croire que j'approuvais que notre échange verbal porte sur mon envie ou pas de repeindre quelque chose. À l'heure qu'il était, elle arpentait l'appartement avec un sentiment de victoire (la chiotte, elle était sûrement en train de se faire cuire un œuf sur le plat) sous prétexte que nous avions clos la conversation en disant que du moment que je repeignais quelque chose, tout irait bien. C'est pas qu'elle allait croire que j'allais me réveiller un beau matin avec une envie compulsive de peindre un foutu bidule, bordel. Et j'étais tout autant agacé de constater que je me retirais systématiquement des discussions dès qu'elles débouchaient sur un revirement. À chaque fois un poil trop tôt.

28) Non, tu peux toujours te brosser, ma petite, je ne ferai rien de tout ça ! Ah ! Elle te la coupe, hein, ma réponse ! Voilà à quoi je songeais. Et je répétai à plusieurs reprises ces phrases inamicales. Car c'était ça que j'aurais dû rétorquer, ça que j'aurais dû lui balancer dans les gencives. Sans vergogne. La prochaine fois, elle allait se le prendre en pleine poire. Et toc.

J'arrivai à la piscine avec une esquisse de sourire aux lèvres et agitai ma carte d'abonnement annuel au nez du préposé à la vérification. Je nageai un kilomètre.

29) L'homme au nombril protubérant se mit à discuter le bout de gras avec moi. Je vois que vous vous êtes acheté les meilleures, lança-t-il avec un large geste en direction de mes lunettes de piscine. J'acquiesçai, en lui expliquant que j'en étais pleinement satisfait, si ce n'était qu'elles prenaient un peu l'eau au niveau de l'œil

droit. Il était indigné. Vous m'en direz tant, dit-il. Eh bien je vous le dis, dis-je. Il estimait être en mesure de les rafistoler (je n'avais pas de soucis à me faire, il en avait rafistolé des tonnes, de lunettes de piscine). Je les lui tendis et il entreprit sans barguigner de tirer sur la bretelle en plastique qui maintenait les verres. En proie à une nervosité certaine, je déviai mon regard à la dérobée vers son nombril protubérant, histoire de ne pas avoir à participer à l'opération. Je m'apprêtai justement à aller faire un petit détour par la douche quand un faible bruit de plastique cassé résonna dans mes oreilles. Merde, pesta-t-il à voix basse, traitant à présent mes lunettes de vulgaire camelote.

30) Tandis que nous nous rhabillions, il m'assura à tour de bras qu'il n'y avait pas lieu de se ronger les sangs. Il allait, illico presto, m'en acheter une paire neuve. Oui, c'était même la première chose qu'il allait s'employer à faire. Nous n'allions pas nous brouiller pour si peu, était-il d'avis.

31) Nous prîmes d'un rythme alerte la direction du magasin de sport qui, à une certaine époque, m'avait vendu les lunettes. Glenn (puisque tel se prénommait-il) gardait la paire de lunettes serrée dans sa main droite sans cesser d'y porter un regard fixe et mélancolique à intervalles réguliers. Il secouait la tête, révolté par la méchanceté de ce bas monde et par l'insuffisance atavique des objets les plus élémentaires. Je commençais à redouter le pire en constatant qu'il partait du principe que j'étais aussi outré que lui. Il avançait d'un pas déci-

dé, et nous étions deux à adopter la même cadence. Et toujours deux à être de la gent masculine.

32) À un moment donné, il s'arrêta devant une banque. Et puis, dit-il, à quoi diable m'aurait servi une protection contre les rayons ultraviolets (tout bien considéré) ? Exactement, dis-je (voilà un argument de poids). Et il laissa très clairement entendre que l'acquisition du même modèle de lunettes serait, cette fois-ci, bannie.

33) Glenn fonça droit vers le comptoir. 'Jour. Bon, ça devait être son tour maintenant.

Nous n'aimons pas ces lunettes de piscine, glapit Glenn. Nous ne les aimons pas du tout. Et le vendeur devait se l'enfoncer dans le crâne : le dernier quart de l'existence de Glenn était marqué par la détestation de ces lunettes, car non seulement il ne les avait pas aimées mais il les aimait de moins en moins, et en ce moment précis, donc, il les détestait carrément (comme il venait de le dire). Et qu'est-ce qu'elles ont qui ne va pas, ces lunettes ? questionna le vendeur en faisant montre d'un intérêt sincère, avec une voix un peu âpre, faiblarde, pas même assez forte pour permettre une élocution audible (et qui plus tard fit dire à Glenn que le type devait être pédé). Et avec cette voix, donc, il demanda ce qu'elles avaient qui n'allait pas, mes lunettes (dont il croyait certainement qu'elles étaient celles de Glenn).

Elles sont minables, glosa Glenn.

34) Il ne fallait pas employer la force. Un point, c'était tout. On pouvait, si nécessaire, ajuster l'écart entre les

verres de lunettes (oui, Dieu soit loué), mais pas en tirant dessus comme un forcené. Comme qui alors ? s'interrogea Glenn.

35) D'un regard inflexible, Glenn exigeait d'être remboursé. Mais le vendeur martelait que c'était exclu, qu'il était inutile d'en parler. Si, c'était très utile, argua Glenn. Non, il était inutile d'en parler. Pourtant nous ne faisions que ça, glissa Glenn (en engrangeant une victoire linguistique et non des moindres) – et je sentais que je commençais à l'aimer.

36) Nous ne fûmes toutefois pas remboursés. Et comment pouvons-nous savoir que vous avez effectivement acheté ces lunettes chez nous ? demanda le vendeur, pas mécontent de retourner le problème.

Glenn finit par s'avouer vaincu. Il m'acheta une paire de lunettes neuves. Belles et jaunes, avec un petit étui pour les transporter. Et voilà, nous sommes quittes, dit-il en me donnant une petite tape sur l'épaule. Je le remerciai, non sans ajouter que je ne gardais contre lui aucune espèce de rancune. Mais alors aucune, hein. Il serait ridicule de se fâcher pour une broutille pareille. Se fâcher ? répéta Glenn.

37) Marianne et moi passâmes une journée entière au lit.

38) Nous fîmes neuf fois l'amour et aucun d'entre nous ne prononça un traître mot au sujet de la commode ocre.

Ouh là là, je suis en train de devenir raide dingue amoureux (comme si j'étais sous l'emprise d'une espèce de force cosmique et altruiste), il ne reste visiblement plus qu'à capituler, me fis-je la réflexion plusieurs fois de suite.

Le lendemain, nous finîmes par nous lever et Marianne me proposa d'inviter Glenn à la fête du soleil. Elle trouvait qu'il avait l'air drôlement mignon. Je me demandais pour ma part s'il n'était pas un peu trop vieux au regard de l'âge moyen de l'assemblée, mais nous en arrivâmes à la conclusion que non. Car au fond, c'est quoi l'âge ? s'interrogea Marianne.

39) Qu'est-ce que tu veux boire ? demanda Marianne. Ne comprenant pas que sa question avait trait à la fête, je l'invitai à m'épargner toute boisson. Non merci, je n'avais pas soif. Mais lorsque, au bout d'un moment, la lumière se fit dans mon esprit, je suggérai que, ma foi, de la bière de Noël ou du vin rouge me semblaient fort appropriés. Pas du glögg ? dit Marianne. Et pourquoi

pas ? dis-je. Non, j'avais mal compris, elle s'était demandé si je n'avais pas envie de glögg. Ah oui, tiens, pourquoi pas ? dis-je alors, avant de lui expliquer que, si j'avais mal compris, c'était parce qu'elle n'avait pas adopté une intonation montante sur « glögg », et qu'en norvégien (comme dans de nombreuses langues), il était courant de le faire dans une phrase interrogative. Je n'oubliai pas d'ajouter (bien entendu) que de tels malentendus étaient absolument charmants et qu'ils ne manqueraient pas, à terme, de nous rapprocher.

40) J'essayais d'apprendre la chanson *Åkken Bom* à la guitare. Glenn m'avait appelé pour me proposer que nous la chantions ensemble, lors de la fête. Bonne idée. À force, j'étais parvenu à la maîtriser peu ou prou, en tout cas suffisamment en vue d'une utilisation domestique. Je la jouai à plusieurs reprises devant Marianne, laquelle acquiesça. Le téléphone re-sonna. C'était Glenn, encore. N'avions-nous pas placé la barre un peu haut ? s'inquiétait-il. Tu crois ? disais-je (maintenant, on se disait tu, nous deux). Il n'était pas très convaincu, d'abord. Il n'y aura pas foule non plus, tu sais, tentais-je. Oui, mais quand même. Il trouvait que je prenais la chose à la rigolade. Il ne fallait pas que je croie que ça allait être facile facile, hein. Je fis de mon mieux pour le tranquilliser et nous convînmes finalement que je chanterais les couplets seuls (le pire, c'est les couplets, grognait Glenn) et qu'il reprendrait en chœur quand viendrait la fameuse phrase récurrente : *... et il joue sur une louche, sur une louche, sur une louche.*

D'acc', dit Glenn.

41) Dix minutes plus tard, le téléphone retentissait de nouveau. C'était toujours Glenn. Cette fois, il demandait s'il pouvait venir à la fête accompagné de son épouse. Je signalai que j'ignorais qu'il était marié, ce dont il avait bien conscience, mais est-ce que j'étais d'accord ou pas d'accord parce qu'il fallait le dire sinon. Je dis alors que j'étais d'accord (bien entendu, Glenn), qu'ils étaient tous les deux les bienvenus. Et, aussi, que nous allions sûrement nous amuser comme des petits fous.

42) J'avais mis une chemise blanche. Je voulais être joli. Nous avions dressé la table pour huit, unanimes à laisser tomber l'idée des cartons. Les gens ont le droit de s'asseoir où bon leur chante, affirmions-nous. Et Marianne d'ajouter qu'elle se faisait une joie.

J'avais concocté une petite soupe de légumes dans un grand faitout. Marianne était persuadée que ce ne serait pas assez. De l'huile d'olive (et d'ailleurs, tu peux en prendre une cuiller à café tous les jours), quatre gros poivrons, du céleri rave, des carottes, une bonne dose de pousses de soja (puisque ton amie de l'usine de chocolat de Nidar-Bergene ne mange pas de viande), du chou-rave, sans oublier les deux kilos de riz (et le pain frais pour accompagner) – Seigneur Dieu, Marianne, c'est amplement suffisant. Oui, bon, elle n'était quand même pas sûre.

Toutes bougies allumées, nous tentions de succomber à la quiétude qui souvent se dépose sous l'effet de la cire fondue. Assis à la table, je contemplais Marianne en loucedé et longuement. Elle n'était pas exactement belle, mais élégante. Quelque chose dans ses lèvres, ses cheveux roux. Dans sa démarche aussi, légèrement chaloupée, quasiment balancée. Je me voyais bien, ma foi, en train de tomber amoureux. C'était même là, juste au coin de la rue, de plus en plus inévitable.

Aurais-je droit à un baiser avant l'arrivée de nos invités ? demanda-t-elle. Oh oui, si ça ne tenait qu'à moi.

43) Les premiers arrivés étaient les camarades de fac de Marianne (bienvenue, bienvenue). L'un (Bent) se fendit d'un remerciement courtois pour cette invitation, retira délicatement son caban, but de petites gorgées régulières d'un vin extrait d'une bouteille qu'il avait apportée en répétant (pour être sûr que l'assistance dans son entier l'avait bien compris) qu'il se contrefoutait que la lumière tourne ou pas, lui, il n'était jamais le dernier dès qu'il s'agissait de faire la bringue avec de bons copains. Marianne m'expliquant que Bent était dans la recherche thermique, j'avouai que j'avais hâte d'en entendre davantage. Et toi, tu m'as l'air d'avoir une conception religieuse de l'existence, babillai-je benoîtement en m'adressant à l'autre étudiant (Runar). Il en avait une, effectivement.

44) Nous nous étions tous les quatre installés dans le salon. Illico, l'ambiance fleurait bon l'allégresse. Et toi, Runar, tu es dans quoi ?

Je suis attaché à l'université, nous informait-il. Il apparaissait qu'il poursuivait d'obscures études théologiques et que c'était remarquable et passionnant. Il n'avait besoin de rien d'autre. Ne manquait de rien. Et il se mit, cahin-caha, à nous exposer ce qui le fascinait dans la figure du Christ, si bien que nous nous mîmes, dare-dare, à discuter foi. À longue échéance, il est beaucoup plus difficile de ne pas croire que de croire, jugeait-il. Oui mais, à brève échéance ? (La question de Marianne venait d'être ignorée avec indulgence.) Au lieu de quoi elle interrogeait Runar pour savoir s'il voulait du thé à l'orange (nous avons du miel). Alors si vous avez du miel, répondit-il en branlant du chef, volontiers. Or donc, pour revenir sur cette question de Jésus, rembraya-t-il – et de décrire l'atmosphère qui avait dû, selon lui, envelopper le paysage lorsque Jésus s'était redressé de son tombeau. En saisissions-nous vraiment les implications ? Pour l'humanité ! pour nous dans cette pièce ! chaque jour et chaque heure ! (Là, Runar, en proie à une vibrante intensité, souhaitait nous regarder tous les trois dans le blanc des yeux.) Mais Bent, visiblement rodé à son discours, leva imperceptiblement les paupières en procédant à de petits gestes masturbatoires de la main. Comme c'est bizarre que les autres ne soient toujours pas arrivés, lança Marianne.

45) Mais toi, tu es dans quoi ? voulait savoir Bent qui me jaugeait. Moi ? Bah. En conséquence, j'expliquai que je fréquentais assidûment la piscine et que, sinon, je prenais plaisir à lire. Je montrai Marianne d'un doigt prudent (laquelle, pour sa part, était accaparée par une autre conversation), afin qu'il soit limpide pour Bent qu'elle monopolisait pas mal de mon temps (et que c'était délicieux, cela allait sans dire). Je l'avisai égale-

ment du fait que je considérais être passablement occupé et dessinai de moi-même l'image d'un être sémillant et entreprenant, à maints égards un sportif invétéré. Mais au quotidien ? questionna Bent. Ah oui, le quotidien – et je sentis que je n'avais pas une envie folle de m'étendre sur le sujet. Je lui proposai de deviner. Je bossais dans le milieu scolaire, peut-être ? À l'équipement ? La psychiatrie, qui sait ? Dans le poisson ? Il donnait sa langue au chat. Je lui dis alors que je le lui dirais plus tard. On verrait.

46) On sonna. Marianne ouvrit. Et Nidar-Bergene fit son entrée. Après une chaleureuse accolade entre les deux amies, Nidar-Bergene s'écria qu'elle brûlait d'impatience de me rencontrer (après avoir entendu tellement parler de moi ?). Elle m'avait apporté un petit cadeau et je flairais instantanément l'imminence d'un danger. Je devais l'ouvrir, m'exhortait-elle, il contenait quelque chose dont j'avais un besoin urgent. Bent se redressa dans le canapé dès le moment où Nidar-Bergene avait rempli la pièce et je voyais qu'il allait articuler une gentillesse, quelle que soit la nature du cadeau. Vite, se débarrasser du papier de teinte foncée pour, ensuite, découvrir une superposition d'autres papiers de couleur verte, en soie (je haussai les épaules), et, enfin, au fond : une pierre.

Oh… En voilà une pierre qu'elle est jolie, bava Bent.

47) Or ce n'était pas une pierre ordinaire, mais un cristal de roche. Nidar-Bergene avait passé un temps infini au magasin pour choisir le cristal idoine. Perdu au

milieu d'une centaine d'autres, celui-ci était le mien. Elle n'avait pas eu l'ombre d'un doute, non, pas une seule seconde elle n'avait hésité. Sur ce, elle entama une description frénétique de la manière dont ce cristal particulier était entré, quelque part, en communication avec elle, puis, en quoi sa tâche à elle s'était résumée à demeurer réceptive aux signaux qu'il lui envoyait. Bent était impressionné. Marianne s'interrogeait quant à elle sur l'emploi que l'on pouvait faire du cristal et il se révélait qu'il était rudement commode, en fait, on pouvait même l'utiliser pour à peu près tout. Comme ? m'enquis-je.

48) Grâce à lui, je pouvais libérer mon flot d'énergie, narrait Nidar-Bergene. Il stimulait mes chakras (là, mon geste interrogateur était demeuré sans suite) et me rendait capable de m'ouvrir à moi-même. En sa compagnie, j'allais pouvoir méditer, sentir combien le flux vital pulsait en moi, et être en mesure de me délester des forces obscures qui peuplaient mon inconscient (eh oui, nous avions tous une face cachée, un côté sombre que nous devions travailler). Il me permettrait aussi de reconnaître que mon corps (et chaque élément vivant) formait un tout, et que, si on avait le malheur d'en endommager une partie, on en altérait aussi les autres. Punaise, redit Bent avant de solliciter Nidar-Bergene pour que, éventuellement, elle nous montre les bienfaits du cristal (une démonstration, un exercice, quoi, il ne savait pas, lui, juste histoire d'illustrer tous les trucs bonnards qu'elle venait de décrire). Nidar-Bergene le regarda d'un œil tendre en lui expliquant que, hélas, ce n'était pas pos-

sible. Il s'agit des forces qui sont en nous, tu comprends, Bent. Nous ne créons pas d'œuvres d'art à partir de notre énergie. L'énergie est là, point. Nous pouvons l'utiliser, ou nous pouvons l'ignorer toute notre vie, mais s'amuser avec est la dernière des choses à faire. Jurait Nidar-Bergene. Puis elle redemanda à Bent s'il comprenait, lequel acquiesça d'un hochement de tête timide.

Coulant un regard vers elle, je voyais manifestement que Marianne était ravie pour moi. Je venais de recevoir un cadeau qui allait faire de moi un être meilleur dont elle ne manquerait pas de tirer profit. Puis, voyant à son sourire qu'elle avait envie de m'embrasser (afin de signaler que je lui appartenais), je lui lançai un regard lui signifiant que l'éventualité d'un baiser était, de près ou de loin, exclue.

49) Bonjour, la compagnie ! C'était Glenn et madame. Il n'avait pu éviter de remarquer que la porte d'entrée n'était pas fermée à clef, et donc il avait eu sa petite idée derrière la tête… (mais oui, c'est ça, Glenn, entre, et bienvenue à toi). Je ne crois pas avoir encore salué ta femme, ajoutai-je. Eh bien elle est toute à toi, déclara Glenn en prenant le chemin de la cruche de punch. Je suis la femme de Glenn, lança celle-ci. Je m'appelle Ruth, lâcha-t-elle aussi. Je lui donnai une poignée de main, lui certifiai que c'était un plaisir de la rencontrer et lui indiquai, sans me brusquer, qui était chacune des personnes, ainsi que leur prénom.

Et, campé devant la cruche de punch, Glenn se retourna vers nos invités en disant que, pour sa part, il se prénommait tout bonnement Glenn.

50) Ruth prit d'assaut l'assistance en exposant qu'elle ne cessait d'être enquiquinée par son nez. Ce dernier coulait constamment. Elle avait, depuis peu, découvert un moyen d'utiliser des gouttes en passe de révolutionner toute sa santé nasale. Et elle exhiba devant nos yeux ébahis un flacon contenant une solution pour pulvérisation nasale, sur quoi, d'un coup d'un seul, nous nous retrouvâmes tous à opiner. Non content moi aussi d'opiner, je bougeai les lèvres de manière à adopter une bouche en cul-de-poule et ainsi émettre, en signe d'assentiment, un son modulé mais néanmoins médusé. Je comptais, avec cette manifestation auditive, faire démarrer notre amitié collective sous de favorables auspices.

51) Bent demanda à Nidar-Bergene si elle désirait un verre de vin rouge. C'est-à-dire que, d'habitude, elle ne buvait pas... Bent s'ingénia alors à lui démontrer que, vu que l'environnement mondial était en train de se casser la gueule en beauté, elle pouvait à son tour, allez, un petit effort, quoi... (elle virait lentement de bord), puis il poussa son raisonnement jusqu'à enfermer celui-ci dans une démesure certaine : mettons qu'elle soit seule sur une île déserte sans rien d'autre qu'une barrique de vin rouge, n'en aurait-elle pas bu, peut-être, hein ? Elle hésitait, mais, cependant, vraisemblablement, si. (Ah, tu vois.) Et Bent de lui en servir une bonne rasade avant de trinquer avec elle (allez, santé, Nidar-Bergene).

52) L'ambiance étant à présent lancée, j'évoluais parmi les convives afin de venir au mieux à la rescousse des

conversations moroses ou mort-nées. Glenn et Runar se tenaient dans le périmètre de la cruche de punch. Si le premier buvait sec, le second, pour sa part, n'avait jamais absorbé aucun liquide mélangé à de l'alcool. Je crois en la pureté du corps, assurait Runar, par ailleurs d'avis que se saouler revenait à renoncer à ce qu'il y a d'unique chez l'homme, en d'autres termes, à résilier le bail qui nous liait à nous-mêmes. Glenn, qui, garantissait-il, ne pigeait pas une ramée de ce que Runar baragouinait, préférait évoquer son époque radieuse de conscrit à la fin des années quarante : vider du dentifrice dans les oreilles, piloter des avions de chasse complètement bourré, s'endormir par moins quinze avec une bonne miurge et être réveillé par les copains en train de te verser de l'eau glacée par un entonnoir planté dans l'urètre (hé, hé, on savait rigoler en ce temps-là).

Runar rétrécissait tandis que Glenn éclatait d'un rire jovial et non moins sonore. Quant à moi, je fis un crochet par la cuisine pour jeter un coup d'œil au repas.

53) J'y trouvai une Marianne occupée à remuer la soupe. Comme elle me priait de couper du pain, j'en coupai. Il est drôlement bien ce cristal, non ? demanda-t-elle. Tu trouves ? demandai-je. Et elle planta une asperge dans sa bouche en acquiesçant. Elle considérait qu'il était susceptible d'améliorer notre vie sexuelle encore davantage (et je n'avais aucun mal à me représenter les summums que nous pouvions atteindre). J'avais beau manifester ma perplexité quant à sa capacité, à notre sexualité, d'être mieux qu'elle ne l'était déjà, Marianne n'en était pas si persuadée (que savait-elle que j'ignorais ?).

Au fait, lutinai-je, ne pourrions-nous pas faire l'amour, à l'occasion (rien qu'une fois) ? De toute façon, personne ne déboulerait, estimai-je. Non, nous ne le pouvions pas. Nous devions finir de préparer le dîner, et par ailleurs, Marianne devait aller aux toilettes. Et plus tard, à un moment qui te conviendrait ? Oui, il ne fallait pas l'exclure.

54) Nidar-Bergene discutait thérapie par le cristal avec la femme de Glenn. Ruth n'avait jamais rien entendu de pareil. Et dire que ce soit possible ! Et comment ça se passait, en ce qui concernait le nasal ? Et Nidar-Bergene de débiter environ dix cas où les cristaux avaient apporté avec certitude une guérison totale de la sphère O.R.L., voire, dans quelques cas, résorbé aussi les complexes. Tu comprends bien, Ruth, déclamait Nidar-Bergene, que la solution nasale ne fait que soulager pendant un certain laps de temps, mais elle n'agit nullement sur l'origine du mal. C'est ce sur quoi nous devons travailler : la source de tous les problèmes. Là-dessus, les deux femmes se prirent les mains l'une de l'autre et ne les lâchèrent plus.

55) Glenn et moi nous étions retranchés dans la chambre à coucher pour répéter deux ou trois fois *Åkken Bom*. Il était manifestement nerveux. Décontracte-toi, Glenn (ça, c'est facile à dire pour toi). Si de mon côté je connaissais ma partie sur le bout des ongles, Glenn, lui, entonnait systématiquement le refrain trop tôt. Le couplet n'est terminé que quand tu m'entends chanter *et il s'appelle Åkken Bom*, disais-je. Ah oui, c'est vrai, disait

Glenn. Donc, je chante d'abord le couplet et je dis que sa veste est en biscotte, en biscotte, en biscotte, puis je dis que sa veste est en biscotte, et enfin, je dis qu'il s'appelle Åkken Bom, et c'est là que commence le refrain, d'accord ? D'acc', grognait Glenn. Enfin... il croyait que ça l'était.

56) Nous interprétâmes la chanson en faisant un quasi-sans-faute, et tous nous trouvèrent épatants. Ruth était émue aux larmes de voir son mari chanter (alors que tu n'as jamais vraiment poussé la chansonnette, toi, Glenn). Découvrir une nouvelle facette de lui après trente-cinq années de vie commune la rendait amoureuse, et qui plus est la ravissait. Indubitablement, Glenn était remué lui aussi. Je lui donnai une petite tape amicale mais néanmoins mesurée sur l'épaule (aussi mesurée que peut l'être une petite tape amicale qu'un homme a le droit de donner à un autre homme), en confiant que nous avions de quoi être fiers de nous. Glenn me serra la main et il ne faisait aucun doute que nous étions en passe de devenir amis. À cet instant, Marianne nous avertit que le dîner était prêt.

57) Bienvenue à tous, déclara Marianne une fois que tout notre petit monde s'était assis là où bon leur chantait. Eh bien il ne restait plus qu'à se servir, maintenant (tiens, commence donc, Ruth). Un coup de sonnette retentit soudain. C'était mon voisin (Halfred), transpirant, réjoui, sur le seuil de la porte. Zou, qu'il entre lui aussi. Nouveau petit tour de présentations (je vous présente Halfred). Et ledit Halfred de donner une poignée

de mains polie à chacun (bonsoir madame, bonsoir monsieur), puis de raconter qu'il était désolé, confus, d'arriver aussi en retard mais qu'il ne pouvait empêcher la fâcheuse tendance des matchs de curling à traîner en longueur. Mais oui, Halfred, le rassurai-je en lui montrant sa place à la table. Après avoir laissé le calme s'installer, Marianne fit un large geste dont l'effet fut que Ruth se saisit de la louche et remplit à ras bord de soupe son assiette creuse.

58) Nous mangions. Je servais le vin à discrétion. Allez, santé à tous ! (Oui, santé !) Une soupe étonnamment bonne, s'exclamaient plusieurs de nos convives (non sans un dodelinement approbateur de la tête quand il avait été confirmé qu'elle, la soupe, contenait de grandes quantités d'huile d'olive). Ruth en reprit trois fois et se sentait plus jeune à chaque assiette (oui, elle devait le dire). Les camarades de fac étaient estomaqués de constater qu'un plat sans adjonction de viande puisse donner pareil résultat. Nidar-Bergene arrachait une brillante victoire en révélant que les pousses de soja contenaient plus de protéines que la viande. Et il n'y avait guère que Glenn pour modérer son ovation au moment de soutenir bec et ongles que seuls les homos pensent aux protéines.

Mais au fait, s'enquit Marianne, qui s'y connaît en matière de solstice d'hiver ?

59) Il apparaissait que nul d'entre nous n'avait de savoir particulier se rapportant au solstice d'hiver. Doucettement, la conversation s'effilocha et chacun s'adressa soit

à son voisin, soit à sa voisine, mis à part ceux qui se taisaient.

60) Ah c'est sûr, disait Ruth, il y a un sacré vent sur la mer. Ça souffle, hein, disait-elle aussi en apprenant que Halfred était lamaneur. En effet, il y avait beaucoup de vent. Et il portait l'uniforme ? Oui, il n'était pas en reste à ce niveau-là. Il était transporté sur les gros navires censés accoster dans les ports situés à l'intérieur des archipels côtiers. Tu sais, on ne compte pas le nombre d'îlots et de récifs tous aussi traîtres les uns que les autres dans les archipels norvégiens. Oui, répondit Ruth en opinant pour attester qu'elle le savait. Mais portait-il une veste de pilote ? Oui, effectivement, il en portait une (un peu plus de vin, Ruth ? oh, volontiers), mais il ne l'utilisait pas si souvent. Il préférait mettre son pull en laine. Mais quand il pleuvait, il enfilait tout de même une veste ? Oui, il en enfilait une.

61) Bent avait allumé une cigarette. Il était habité par une insouciance ostentatoire, qui ne datait pas d'hier, et, la cigarette à la bouche, l'effet n'en était que décuplé. Jamais quiconque n'avait pris place à ma table avec une expression d'insouciance aussi libératrice. Il inspirait goulûment la fumée, la gardait dans ses poumons tout en écoutant Nidar-Bergene les yeux mi-clos, puis la recrachait avec une scandaleuse lenteur, persuadé qu'il était que jamais il ne mourrait (ou en tout cas pas avant un bail). Il demeurait incompréhensible à Nidar-Bergene qu'il soit possible de fumer tout en ayant la sensation d'incarner un être complet.

Complet… oui et non, dit Bent en resservant deux doigts de vin dans le verre de Nidar-Bergene (bon, mais deux doigts cette fois, histoire de dire, dit Nidar-Bergene en coulant un regard).

62) Marianne vint m'embrasser. Elle avait bon goût. Nous recommençâmes plusieurs fois. Elle se faisait du souci pour nos invités (et si l'un d'eux s'ennuyait ?). J'objectai qu'il me semblait que la majorité d'entre eux allaient bien. Nous remplîmes la cruche de punch d'alcool, de soda et de morceaux de fruits découpés à la taille adéquate. Puis nous nous embrassâmes à nouveau. Glenn s'approcha pour savoir si, éventuellement, il pourrait avoir une paille (tu sais quoi, Glenn ? je crois bien qu'on a oublié d'en acheter).

Je goûtai le punch et vu qu'il était bon, je soupçonnai que j'allais en boire plusieurs verres.

63) Nidar-Bergene, qui avait harponné Halfred, prenait des nouvelles du match de curling : comment, en fin de compte, s'était-il déroulé (exactement, car Runar s'était toujours demandé en quoi consistait le curling) ? L'équipe de la coopérative des lamaneurs avait remporté la partie haut la main. Nous les avons anéantis, fit Halfred. Lui-même avait placé plusieurs pierres. Ni trop fort, ni trop doucement (c'est le secret). Et il s'en faut de peu, vraiment, un chouia, pour que la pierre parte cinquante centimètres trop ou pas assez loin, ou qu'elle glisse sur un des côtés. Nidar-Bergene voulait savoir si les pierres n'étaient pas terriblement lourdes. Halfred se contenta de souffler. Lui, disait-il, tant qu'il jouait au

curling, tout baignait. La tranquillité de la grande patinoire, les lumières crues, le bruit des balais sur la glace et la profonde concentration qu'il ressentait avant de faire glisser la pierre vers la cible. Halfred était d'avis que le sport jouissait d'une aura sacrée. Nidar-Bergene confessait qu'elle était persuadée que Halfred était un homme d'une grande sensibilité. Ruth renchérissait en manifestant son admiration devant le fait que Halfred soit à la fois lamaneur et un habile joueur de curling. Runar ne disait rien.

64) Marianne remplit mon verre et je m'assis à côté de Runar pour discutailler avec lui. Il dressait le tableau des difficultés qui hantaient son existence. Chaque fois qu'il pensait à quelque chose à propos de quoi il n'avait jamais formulé la moindre pensée, quelque chose de radicalement nouveau, immanquablement susceptible de changer la face du monde, eh bien très vite, il se montrait que des gens avaient déjà élaboré et décrit cette pensée, oui, qu'elle portait même leur nom et qu'une ribambelle d'individus y avaient consacré une thèse ou avaient obtenu d'autres titres universitaires à son sujet. Quelle mouise, dis-je. Oui, c'était vraiment la mouise, dit Runar. On dirait qu'il est impossible d'inventer quelque chose de nouveau. Et il estimait que cela concernait tout : non seulement l'histoire des religions (juste pour prendre sa spécialisation), mais toutes les sciences en fin de compte, c'était même encore plus flagrant dans le champ de la littérature, de l'art pictural ou de la sculpture. Et il estimait aussi qu'il était hautement néfaste que notre époque n'ait pas d'opinions

esthétiques capables de nous rassembler. L'art et la science sont vidés de leur contenu par toutes sortes d'imbécillités si bien qu'il n'en reste rien. Nous désespérons chaque jour davantage d'inventer quelque chose qui nous rende compte d'une nouveauté, qui soit un miroir recevable de notre temps, au lieu de nous vautrer dans des idées surannées et ressassées. Et Runar de me demander si c'était avoir une exigence démesurée que de vouloir formuler ne serait-ce qu'une pensée géniale. Une pensée que personne avant lui n'aurait élaborée. Il souhaitait un jour se réveiller avec la certitude qu'une pensée lui était venue, puis il la noterait et lui demeurerait reconnaissant pour le restant de ses jours. Je le consolai en lui confirmant que je trouvais son désir tout à fait raisonnable et que j'étais certain qu'il trouverait, un jour, quelque chose.

Tu imagines si nous pouvions recommencer depuis le début ! (Je ne comprenais pas à quoi il faisait allusion.) Si : il considérait que les hommes devraient s'entendre pour anéantir tous les savoirs, toutes les connaissances et toutes les idées philosophiques, brûler tous les manuels techniques (et toute autre forme de littérature secondaire pendant qu'on y était), solder l'ensemble, nous débarrasser de tout et repartir à zéro. Je lui demandai s'il ne trouvait pas qu'il avait assez travaillé pour aujourd'hui, auquel cas il était temps de lever le pied.

65) Les gens commençaient à être ivres. Exprimant mon inquiétude à Marianne, je m'entendis répondre que c'était marrant, voilà tout, et que je devrais moi

aussi songer à me lâcher. Halfred suggérait que nous ferions mieux d'aller en boîte de nuit, tous comme un seul homme, pour faire du karaoké. C'est un truc pour une femme de mon âge ? s'interrogeait Ruth. Ben il manquerait plus que ça ! Halfred, qui n'en était pas à son premier coup d'essai, évoquait des dépliants où il était mentionné qu'on pouvait choisir entre mille et une chansons (et pour tous les goûts) et que la voix la plus aigrelette pouvait rapidement sonner comme du Frank Sinatra. Sifflant de plus en plus de punch, je sentais que je n'allais pas tarder à être partant pour les folies les plus insensées. Glenn s'approcha pour glisser que Marianne était une chic fille (celle-là, je devais la garder). Runar, souhaitant prendre congé, remercia pour la soirée passée en notre compagnie. Nous répliquâmes en chœur que c'était nous qui le remercions d'être venu.

Je ne pouvais éviter d'entendre Bent demander à Nidar-Bergene si elle achetait ses sous-vêtements chez H&M, et Ruth prenait soudain conscience de l'existence de la commode ocre dont elle saluait, avec force compliments, le choix de la couleur (mais elle aurait peut-être gagné à être un soupçon plus grande, non ?).

66) Nidar-Bergene voulait que j'essaie le cristal. Je devais m'allonger par terre avec le cristal ceignant mon front, et ne penser à rien. Je m'interrogeais à voix haute pour savoir s'il n'était pas préférable d'attendre que l'environnement soit plus calme, mais non (n'importe quand, assurait-elle). Alors, je sentais quelque chose ? J'hésitais, oui, peut-être un peu. Et soudain, submergé par cette sensation d'atonie généralisée qui se manifeste

lorsque je suis passablement éméché, je tombai la tête la première sur le tapis et le linoléum pour finalement me retrouver gisant sur le sol, à crier pendant quelques secondes. Lorsque je rouvris les yeux, Nidar-Bergene me demanda si j'étais entré en contact avec mon être astral. Difficile à dire, dis-je avant de sentir que je ferais mieux de ne pas attendre trop longtemps pour aller accorder une petite visite aux cabinets.

67) Nous prîmes un taxi jusque dans le centre. Marianne, contente de la fête, me couvrait de poutous. Elle nous avait enveloppés sous un grand châle et sirotait en douce une bière de Noël. Déchaîné, Glenn gloussait en racontant au chauffeur des histoires éloquentes (celle du type qui n'avait pas de testicules et avait postulé pour travailler à la poste – il était censé commencer à bosser à huit heures du matin, mais n'avait pas besoin de venir avant dix heures vu que les deux premières heures, les autres se grattaient les couilles...). Je partis d'un rire gras tandis que Marianne, je ne manquais pas de le remarquer, désapprouvait fortement. Aux dires du chauffeur, c'était la meilleure blague qu'il ait entendue depuis une éternité, si bien que Glenn fut obligé de la lui noter. Nidar-Bergene savait exactement, affirmait-elle, quel genre de cristal convenait au tempérament d'un homme tel que Bent.

Nous arrivâmes dans un bar où fut passée une commande générale de pintes. Je faillis me prendre une rouste aux toilettes sous prétexte que Bent s'était répandu en saloperies sur le dernier *Terminator*. Je pris une bière supplémentaire mais m'assoupis au moment précis où la compagnie migra pour écouter Ruth et Glenn qui allaient connaître leur quart d'heure de célébrité en chantant *Que Sera, Sera* dans des micros qui ne lésinaient pas sur les larsens.

68) Je passai la journée entière ou quasi à regretter d'avoir, la veille, ri de si bon cœur à la blague de Glenn. Les heures s'enchaînèrent sans que Marianne et moi n'échangions un mot. Elle dut croire que j'étais en colère contre elle alors que ce n'était pas du tout le cas. Simplement, je regrettais d'avoir été aussi ivre et vulgaire.

Cloué toute la soirée devant le poste de télé, je me laissai aller à mon humeur maussade.

69) Quelques jours plus tard, Glenn téléphonait pour nous remercier de la part de Ruth et de la sienne (ça avait été une soirée fabuleuse, selon lui). Et de nous inviter chez eux pour le 1er janvier à regarder la compétition de saut à ski du nouvel an à Garmisch-Partenkirchen. Bien sûr, nous dînerions. Je répondis que oui, volontiers, et que nous nous en faisions déjà une joie.

70) Nous jouions aux dames chinoises. Comme nous voulions tous les deux les billes rouges, je dus céder. D'accord, Marianne, prends les rouges (et n'y revenons pas). Je m'ennuyais déjà alors qu'aucun de nous n'avait encore atteint le milieu du plateau (se transformer en bille, penser et se sentir comme une bille – dès lors, je pourrai la battre)... Peine perdue. Qui plus est, je n'arrivais pas à me concentrer. À défaut, je reparlai de

la fête. Je lui demandai si elle n'était pas d'accord avec moi pour conclure que nous avions assemblé des gens selon des combinaisons d'une stérilité patente. Elle n'était pas d'accord. Ç'avait été très drôle, à la fois ici chez nous et quand nous étions sortis (et puis, j'avais fait des choses tellement mignonnes quand j'avais commencé à être saoul). Je levai la main en signe de protestation afin qu'elle m'épargne des détails que je ne souhaitais en aucun cas réentendre et cela me coûta particulièrement de ne pas l'interroger sur l'absolue stérilité de la combinaison, pour ne prendre que celle-ci, Glenn / Runar ; mais je me dominai – au lieu de quoi, je fis opérer à ma bille jaune un bond phénoménal (le jeu devait continuer jusqu'à ce qu'elle gagne, je ne le comprenais que trop bien).

Elle gagna. Dans un élan de sympathie, elle évita de commenter sa victoire sans toutefois omettre de souligner que le problème avec moi, c'était mon incapacité à me laisser emporter. Tu restes toujours sur ta réserve, dit-elle. Et d'ajouter que si j'avais un quelconque intérêt pour elle, alors, il était exclu que la moindre réserve entre en ligne de compte (il y avait eu beaucoup trop de réserves jusqu'à présent dans sa vie, etc.). Dorénavant, ce serait avec elle, et ce serait sans compromis possible. Je lui répondis qu'elle ne pouvait pas me forcer à me laisser emporter, encore moins à me réjouir que des gens aient été assemblés selon des combinaisons d'une stérilité patente, mais que, O.K., il n'était pas tout à fait faux de dire qu'avec elle, c'était sans compromis possible. Avec Marianne, c'est sans compromis possible. Puis nous allâmes nous coucher.

Je n'ai aucun souvenir que nous ayons fait l'amour ce soir-là.

71) Je me réveillai en pleine nuit sans parvenir à me rendormir. Je fus soudain frappé de constater à quel point je ne traitais pas Marianne si bien que ça. Pas de la manière dont on traite quelqu'un qu'on aime. Je me trouvais de mauvaise foi, ironique ; je pinaillais en permanence sur des choses totalement superflues au regard de ce grand amour que nous étions en train de construire – tant et si bien que, une heure durant, je pensai que je n'étais qu'un poids léger en matière d'amour.

Je finis par la tirer de son sommeil. Marianne, tu peux te réveiller ? Je lui tapotai la joue, le cou, en lui murmurant qu'elle était belle et qu'elle devait se réveiller. Ce qu'elle fit. Sa peau était bleue. L'obscurité était entièrement bleue. Derrière la fenêtre, une neige de Noël tourbillonnait autour des réverbères. Je lui demandai si elle trouvait que je la traitais mal. Non, en aucun cas. Mais est-ce que j'étais ironique, calculateur ? Non, elle ne trouvait pas. Est-ce que je suis égoïste, m'interrogeai-je à haute voix, ou bien destructeur, voire essentiellement intéressé par ton corps ? Non plus, non. Qu'est-ce que je suis alors ? insistai-je. Elle était, dit-elle, satisfaite de moi à tous points de vue. Je devais arrêter de cogiter et plutôt songer à me rendormir. Tu verras, ça va marcher entre nous, assurait-elle. Et c'était si joli quand elle le dit que mon insomnie dura longtemps ; j'étais sur le point d'éclater en sanglots, sans bouger et sans larmes, comme dans un orgasme prolongé et triste.

72) Comment on va s'organiser pour Noël ? se demandait Marianne. S'organiser en vue de quoi ? Mais si, je savais bien, il y avait tellement de choses à propos desquelles il fallait nous entendre : ce qu'on allait manger, ce que je voulais comme cadeau, si nous faisions une fête pour le réveillon du 1er de l'an (toutes ces choses, quoi). Je dis bon, d'accord. Elle alluma une cigarette et nous ne dîmes plus rien pendant tout le temps qu'elle fuma. J'essayai de glisser quelques allusions comme quoi elle pourrait peut-être profiter de l'occasion pour se rabibocher avec son père. Une occasion qu'elle ne saisirait pas, merci (loin s'en fallait). Noël est une période que je trouve très agréable et durant laquelle j'aime passer quelques jours en famille, ce que je lui signifiai. Elle se contenta d'un bon, je vois – et son visage se figea brutalement, n'inspirant plus que la peine. Ses yeux estimaient que je ne pouvais décemment pas avoir le cœur de la laisser seule, aussi appelai-je mes parents, inondés de bonheur à l'idée de nous recevoir tous les deux. Je les informai qu'elle s'appelait Marianne, qu'elle était mignonne et gentille. Je les priai instamment de ne pas prononcer la moindre parole ayant trait à des fiançailles ou à un mariage (bien sûr que non, dit mon père, tu nous connais voyons). Je les enjoignis également, au moins une fois dans leur vie, de s'adresser l'un à l'autre par leur prénom et non en utilisant papa et maman, comme ils en avaient l'habitude (par exemple : tu pourrais couper la dinde, s'il te plaît, Ottar ? et non : tu pourrais couper la dinde, s'il te plaît, papa ?). Pas de problèmes, mon chéri, dit mon père (pas vrai, maman,

que tu es d'accord ?), et ma mère était d'accord, trouvait que cela ne posait pas de problèmes. Et donc rien ne posait de problèmes, tout le monde était d'accord, et Marianne était contente. Quant à moi, j'étais moins dubitatif que je ne l'aurais cru.

73) Le 23 décembre, j'achetai un gros bouquet de roses ainsi qu'un cuiseur à œuf pour le père de Marianne. Une fois écrit joyeux Noël, papa, je t'embrasse, Marianne, je fis livrer le tout sur le pas de sa porte. Être apparemment la personne responsable de la brouille entre Marianne et son père me tourmentait au plus haut point.

En outre, j'étais tellement emballé par le cuiseur à œuf que j'en achetai un pour ma mère et un autre pour Marianne et moi. À mon père, j'achetai un pèse-personne de première qualité.

74) Marianne croyait que je l'avais invitée chez mes parents rien que pour être gentil. Car si c'était le cas, autant laisser tomber dès maintenant. Elle préférait rester toute seule à l'appartement et regarder une connerie quelconque à la télé. Elle n'arrêtait pas de me tarabuster là-dessus. Si je la prenais pour une gamine chiatique et une enfant gâtée, j'avais plutôt intérêt à le dire pour qu'elle puisse… Ta gueule ! criai-je. Elle ne m'avait pas saoulé. C'était mon idée de l'amener et je voulais qu'elle vienne. Il me fallut un quart d'heure pour lui faire comprendre que je n'avais pas lancé l'invitation pour être gentil. Tu viens et on va bien s'amuser, dis-je. Une fois réconciliés, nous tenant dans les bras l'un de l'autre, je

lui racontai de qui la tante machin était la sœur, de quelles maladies ma grand-tante souffrait, que (au passage) mon frère était un garçon épatant, que ma famille venait de là et de là, que les oncles untel et untel allaient dire tel et tel trucs au bout du troisième verre et que l'autre oncle allait passer toute la journée de Noël à vérifier si sa nouvelle montre était à l'heure à la seconde près. Je crois que Marianne était sincère quand elle me dit qu'elle avait hâte.

75) Et Noël ne se contredit pas.

Tout le monde trouvait bien sûr que Marianne était une fille extraordinairement mignonne. Le grand frère de mon père passa la journée de Noël à téléphoner à l'horloge parlante, à poser, tout sourire, sa nouvelle montre contre son oreille (Les infos vont commencer, dit mon père. Non, pas du tout, dit mon oncle sans manquer de jeter un coup d'œil indulgent à mon père en lui certifiant qu'ils pouvaient jouer aux échecs pendant encore deux bonnes minutes).

Nous mangeâmes des œufs durs (ma mère n'avait bien évidemment jamais vu un cuiseur à œuf pareil), et Marianne et moi atteignîmes de nouveaux sommets de sollicitude mutuelle au lit.

Et puis ce fut le Nouvel An. Nous lançâmes les dix minuscules fusées de feu d'artifice offertes par mon frère qui, une fois allumées, nous arrachèrent quelques applaudissements circonspects. Nous nous enlaçâmes en nous souhaitant une bonne année. Marianne me serrait fort, tellement fort, elle refusait de me lâcher. Puis elle murmura, la gorge nouée, que j'étais ce qui lui était arrivé de mieux pendant l'année qui venait de s'écouler. Je faillis lui demander s'il lui était arrivé l'année d'avant quelque chose de mieux que moi, mais je préférai taire ma question. Je pris plutôt conscience de l'heureux événement que constituait notre rencontre et le lui signifiai. Nous nous embrassâmes et je me sentais bien jusqu'au plus profond de mon être.

Quelques heures plus tard, nous nous tenions devant la porte d'entrée de chez Ruth et Glenn. Tandis que je sonnais en entonnant un air rigolo, Marianne me donnait un coup de coude en disant que j'étais dingue. Nous étions bien habillés.

76) Glenn et Ruth nous souhaitèrent la bonne année. Après quoi ils nous servirent le dîner. Nous mangeâmes en regardant la télé cependant que Jon Herwig Carlsen était d'avis qu'Ernst Vittori était sans doute l'Autrichien le plus sympathique de tous les temps. Nous passâmes un bon et agréable moment.

77) Le téléphone sonna alors que Marianne prenait une douche. C'était monsieur Slind-Hanssen. Il exigeait de parler à sa fille (comme si j'allais le lui refuser). Posez le combiné séance tenante et allez me chercher ma fille ! disait-il. En proie à un mouvement d'hésitation, je voulais répondre que Marianne était à la salle de bain. Faites attention à vous ! Donnez-moi ma fille ! (je vous préviens), disait-il. J'allai la chercher. Je ne m'attendais pas à ce qui allait suivre. Carré dans mon fauteuil, je l'écoutais la remercier pour le magnifique cuiseur à œuf et les roses qui tenaient encore, d'ailleurs. Malgré une

voix tonitruante, il était très reconnaissant, ému presque, et ajoutait que Marianne avait fait un beau geste et qu'il saurait lui rendre la pareille en temps et en heure. Puis il baissa le ton et je crus comprendre à l'expression qui se dessinait sur le visage de Marianne qu'il essayait de la convaincre que j'étais un sale type, mû par des intentions pernicieuses (est-ce qu'il se lave tous les jours ? tu ne couches pas avec lui, j'espère ?), et il doutait fort de ma capacité à rendre quiconque heureux (et certainement pas Marianne).

Perplexe, Marianne lui servit une réponse qui n'était pas des plus raisonnables. Monsieur Slind-Hanssen prit congé non sans exiger à me reparler. Je ne devais pas croire qu'une quelconque réconciliation était envisageable, il savait pertinemment l'individu méprisable que j'étais, et il était persuadé qu'il ne faudrait guère que quelques jours à Marianne pour s'en rendre compte et me quitter. Vous devez savoir que je vous tiens personnellement responsable du bonheur et de la santé de ma fille, m'avertit-il.

78) Putain, pesta Marianne. Puis elle en resta coite. Il ne lui fallut pas longtemps pour retrouver l'usage de la parole. C'est ça que tu appelles sans compromis possible ? voulait-elle savoir, déchaînée. Elle estimait (à juste titre) que j'avais opéré dans son dos. Elle était blessée, et venant de moi (son meilleur ami), affirmait-elle, elle s'attendait à tout sauf à ça. Elle ne voyait plus aucune raison valable pour passer le reste de la journée à proximité de moi, aussi rangea-t-elle quelques affaires dans un petit sac et prit le bus pour se rendre chez

Nidar-Bergene.

79) Conservant ma position assise, je me demandais si j'avais été méchant ou mauvais, ce que je ne trouvais pas. C'était plutôt Marianne qui refusait d'admettre que j'avais voulu l'aider. Que j'aie à payer les pots cassés de la relation pour le moins tendue que Marianne et son père entretenaient constituait au demeurant une aberration. Or donc : je n'avais rien fait de mal, je n'avais pas besoin de regretter – en conséquence de quoi, j'allais m'acheter un journal, que je reviendrais lire en attendant que Marianne rappelle pour dire qu'elle avait été irascible et excessive.

80) Marianne ne rappela pas pour dire qu'elle avait été excessive.

81) Le jour suivant, elle ne donna pas non plus signe de vie. Et je reconnaissais que je m'illusionnais en croyant que je n'avais pas besoin d'elle et que je me débrouillais à la perfection tout seul. Mes pensées portaient sans exception sur Marianne, mais j'étais surtout inquiet de ne pas pouvoir identifier ce que j'éprouvais comme étant du sentiment amoureux (ou autre chose s'y apparentant et connu de moi). Or juste avant de m'endormir, je me suggestionnais qu'il s'agissait néanmoins de sentiment amoureux (tout phénomène possède son propre sous-prolétariat, me disais-je, le sentiment amoureux peut recouvrir tant de choses). Et j'en concluais que le sentiment amoureux connaît parfois des dissemblances telles qu'elles dépasseraient presque l'entendement.

82) J'allais à la piscine. Je nageais un kilomètre. Puis je me douchais, faisais un tour au sauna, me rhabillais, changeais d'avis, me re-déshabillais. Et je nageais un petit kilomètre supplémentaire. Et enfin, je n'allais pas au travail, mais au cinéma.

83) Je reçus un appel téléphonique du travail (oui, c'est juste, je suis resté alité pendant deux jours). Les affaires courantes qu'il me restait à liquider s'accumulaient, me signalaient-ils, et ce sur un ton qui instillait de très nombreux sous-entendus dans la phrase et la ponctuait de tout aussi nombreux points de suspension. J'opinais du bonnet en signalant à mon tour que je serais à mon poste de travail le lendemain même.

Les affaires courantes à liquider ne diminuaient pas. J'avais un boulot pour le restant de mes jours et ma mère avait pour habitude de secouer la tête en silence non sans considérer que c'était trop beau pour être vrai. Je serais bien mieux avisé, en fait, considérait-elle également, d'être tout sourire et d'offrir de petits cadeaux à mes amis. Car s'il n'y avait que ça, ma mère était en mesure de me fournir des listes de noms par milliers, d'amis et de connaissances qui étaient sans emploi, eux, et d'une tristesse insondable, eux.

84) Répondant à un nouveau coup de fil de sa part, j'informais monsieur Slind-Hanssen que sa fille passait quelques jours chez Nidar-Bergene. Non, je n'avais pas le numéro de ladite Nidar-Bergene et, non plus, je ne connaissais pas son nom de famille. Il éclata de rire,

persuadé, disait-il, que Marianne m'avait menti, qu'elle avait enfin retrouvé toute sa raison et m'avait quitté (et d'ajouter que c'est précisément dans ce genre de situations que le mensonge est défendable). Comme je l'exhortai à fermer sa grande gueule, il rétorqua qu'il ne permettait à personne de lui parler sur ce ton. Sa fille avait reçu de lui une éducation suffisamment solide, disait-il aussi, pour ne pas tolérer qu'un type de mon engeance pénètre ne fût-ce que d'un pas dans son périmètre. Mais vous ne me connaissez même pas, objectai-je. Certaines choses parlent pour elles, disait-il également. Il y a certaines choses que l'on sait, voilà tout, et il est inutile de chercher des preuves que sa propre intuition confirme déjà, disait-il en outre. Il estimait par ailleurs que si jamais, par le plus malheureux des hasards, il était amené à me rencontrer, il n'excluait pas d'être trompé par un physique avantageux ou par des paroles captieuses, oui : captieuses, insistait-il. Ah ça, sûr, je sais à quoi m'en tenir avec un olibrius de votre trempe. Et il le savait tellement bien, disait-il enfin, qu'il me tenait, et n'allait pas me lâcher de sitôt.

85) Au bout de quatre jours, Marianne revint. Après m'avoir donné un baiser, elle avoua avoir été excessive. Nidar-Bergene lui avait ouvert les yeux et fait admettre que j'avais eu, en réalité, une attitude généreuse et que mon acte, bien que fomenté dans le dos de Marianne, était foncièrement le témoignage d'un amour profond. Elle avait eu besoin de ces quatre jours pour peser le pour et le contre, disait-elle, mais maintenant elle était revenue, voilà, et elle espérait que je pourrais lui pardonner, de sorte que nous puissions entamer notre nouvelle vie le plus vite possible sans le moindre désaccord d'aucune sorte. Elle s'en voulait, disait-elle aussi. Puis, souriant tous deux, nous tombions d'accord pour affirmer que le plus important était encore que nous soyons à nouveau ensemble.

86) Marianne recevait beaucoup plus de courrier que moi. Découvrant chez moi une pointe de jalousie, je cherchais à en connaître la raison. Selon Marianne, bien malin qui trouverait ! (Il peut y en avoir tellement, de raisons.) Je recevais le loyer, la facture d'électricité, le téléphone, le journal (que des factures, quoi) et, à de rarissimes occasions, le hasard daignait me gratifier de quelques lettres un poil plus personnelles. Des lettres personnelles, Marianne en recevait, elle, plusieurs fois

par semaine. Des enveloppes astucieusement coloriées, rehaussées de ses nom et prénom rédigés dans une écriture adorable. Je l'entendais glousser pendant qu'elle lisait. De vieux copains et d'anciennes amies d'école, expliquait-elle. En un sens, elle en concevait la part d'injustice, mais que pouvait-elle faire ? Je lui suggérais qu'elle pouvait, par exemple, payer sa cote part dans le règlement des factures, ce contre quoi elle n'avait rien. Mais à la réflexion, tant que je l'avais elle, je n'avais pas besoin de lettres, estimait-elle. Je trouvais quant à moi que c'était joliment dit. Et elle me promettait de passer moins de temps à lire ses lettres, et davantage à me dire combien j'étais merveilleux.

87) Tout allait très bien entre nous désormais. Son emménagement dans l'appartement ne me causait plus d'angoisses. Je n'y pensais plus. Elle était là, vibrait de toute sa présence, emplissait les lieux de tout son être, et je n'y voyais rien à redire. Au travail, je liquidais les affaires courantes, et Marianne étudiait. Nous couchions ensemble plusieurs fois par jour. Tu peux repeindre la commode si tu veux, proposa-t-elle un soir. Mais je ne le considérais plus comme une absolue nécessité. Si si, elle achèterait la peinture dès le lendemain. Non, ce n'était pas la peine, insistai-je. Ce n'est vraiment pas la peine. Elle jeta sur moi un regard enflammé en me signifiant que j'étais doué d'une formidable grandeur d'âme. Je secouai la tête pour lui faire comprendre que cela ne me coûtait rien.

88) Nous vivions de longs dimanches. Que nous pimentions d'une pizza commandée par téléphone. La livraison à domicile avait son prix, mais l'argent ne manquait pas. Nous lisions des livres l'un pour l'autre. J'aimais écouter sa voix en adoptant une position allongée, légèrement en arrière par rapport à elle. Elle lisait d'une manière si agréable que son timbre de voix devenait peu à peu plus important que les mots qu'elle prononçait. J'ignorais quelle réponse apporter quand elle me demandait mon avis sur telle ou telle action qui venait de se dérouler dans le livre. Quel suspense, il n'y a pas à dire, disais-je – même si ça n'allait à coup sûr pas être le cas (puisque nous lisions des livres où il ne se passait quasiment rien).

D'après toi, qu'est-ce qu'il y a de mieux dans le fait d'être grand ? me demanda-t-elle un dimanche, comme une allusion à ce qu'elle venait à l'instant de lire. D'après moi, donc, la seule chose qui me ravissait dans le fait d'être grand était que je pouvais couper les pommes à la seule force de mes poignets. Vraiment ? insista-t-elle en préparant un baiser humide. Je me laissai embrasser, puis je lui promis qu'un jour je lui montrerais.

Nous pouvions parfois ne rien faire sinon rester étendus à nous regarder. Des heures de silence absolu défilaient, et si l'un de nous rompait ce silence pour parler, nous comprenions le plus souvent que ces paroles exprimées avaient été superflues, qu'elles auraient mieux fait de demeurer imprononcées.

Mais il nous arrivait aussi de parler à bâtons rompus. De parler jusqu'à en avoir des crampes dans les muscles faciaux, nous obligeant à fermer la bouche et préférer l'écriture ou le mime pour nous adresser l'un à l'autre. À deux fois, nous décidâmes de rester muets pendant toute une journée, sans toutefois y parvenir.

Un dimanche, Marianne m'informa qu'elle souhaitait passer le permis. Je ne voyais pas à quel permis elle faisait référence. Mais si, le permis de conduire, le papier rose (Ah... celui-là). Comme je lui demandais si elle avait assez d'argent, elle me répondit que son père lui avait assuré un jour qu'il le lui paierait (il était d'avis que c'était pratique, et il était un fervent partisan de tout ce qui était pratique). Bon, eh bien dans ce cas, dis-je, il n'y a plus qu'à le faire. Rien de plus aisé.

Nous buvions de très nombreuses tasses de thé à l'orange parfumé au miel ces dimanches-là. Un jour, je renversai la théière dans le lit. Tout étant détrempé, je dus porter le matelas dehors pour le laisser sécher au vent. Je vis cependant à la mine de Marianne qu'elle trouvait ma maladresse charmante.

Au bout d'heures tout aussi nombreuses, nous finissions par nous lever. Et comme souvent, on était déjà lundi.

89) Marianne rentra scandalisée de sa première leçon de conduite. Ils étaient en train de conduire et de rouler dans une Golf rouge à la lisière de la ville lorsque le moniteur d'auto-école lui avait proposé d'envoyer paître le code de la route et d'aller plutôt dans un pub pour se bourrer la gueule (je ne pus m'empêcher d'être scandalisé moi aussi). En larmes, Marianne me racontait qu'elle avait arrêté la voiture, était sortie, et avait craché sur le pare-brise tandis que le moniteur d'auto-école,

pour sa part, avait poursuivi sa route en pouffant de rire. Il s'était borné à baisser la vitre, à simuler le plaisir sexuel, puis il était parti. Je n'avais jamais entendu une chose pareille, et je le signifiai. Sur ce, je décrochai mon téléphone pour passer un savon au type de l'auto-école, en précisant qu'il n'avait plus qu'à rayer Marianne Slind-Hanssen de son fichier. Pour l'effet que ça lui faisait, jura-t-il en riant (des grues dans son genre, il y en avait à la pelle, et qui tomberaient sous son charme, elles) – et j'entendis à travers le combiné que c'était un petit salopard barbu tout en nerfs, abonné au *National Geographic*).

Allons, allons, Marianne, la consolais-je. J'essuyais ses larmes en songeant que, pile à ce moment-là, ça devait être rudement bien de m'avoir.

90) Je passai une journée entière avec un malaise chevillé au corps (sans savoir pourquoi). Pendant la pause déjeuner, je me coupai les ongles dans l'espoir que les choses s'arrangent. Peine perdue. Après le travail, j'allai faire les soldes, essayai des pantalons sans en trouver un qui me donne un air balaise. Rien n'y faisait, jusqu'à ce que, le soir venu, je rende visite à mes parents et obtienne de mon père qu'il me prête un pull-over, puisque j'avais froid. C'était un beau tricot, bleu, avec des rayures blanches sur les manches et autour du col. En l'enfilant, je sentis immédiatement que, avec et grâce à lui, j'étais beau comme un camion et fier comme Artaban. L'autre pull, moche et vert, celui-là même que j'avais eu sur le dos jusqu'à présent, je le donnai à mon père en échange, et lui de me répondre que je pouvais

garder le bleu pendant quelques jours (il finirait bien, à long terme, par m'en faire cadeau).

Pour la première fois, je me rendais compte que les objets (les vêtements notamment) étaient susceptibles d'avoir une influence directe sur mon existence, et, juste avant de m'endormir (sur les coups de minuit), je prenais non seulement conscience de cette nouvelle pensée, mais me ralliais pleinement à elle.

91) Le jour suivant, alors que nous prenions le petit déjeuner, Marianne me dit que je faisais viril dans ce pull bleu. C'est quelle marque ? voulut-elle savoir. Je jetai un coup d'œil au niveau de la poitrine où figurait *Basic authentic sportswear*, de Classic Line. Tout content de moi, j'étais persuadé de porter un pull-over après-ski, mais Marianne objecta que nous avions plutôt affaire, selon elle, à une espèce de haut de survêtement. J'avais beau dire que, pour moi, c'était du pareil au même, Marianne considérait qu'il n'y avait pas lieu de gommer les nuances que comportait le langage (et qu'est-ce que le langage vient fabriquer là-dedans ? demandai-je). Elle admettait que ce pouvait bien sûr être du pareil au même, si j'y tenais, mais estimait aussi que (tu imagines ?) si nous commencions à négliger toutes ces différences, dès lors, il n'y aurait bientôt plus la moindre nuance dans rien, et tout deviendrait d'un ennui aussi mortel qu'irrémédiable, et là, autant nous installer sans attendre dans le nord du pays, nous convertir au læstadianisme et devenir prédicateurs de l'Évangile. Le poids et l'ampleur de son ultime argument m'échappaient quelque peu, mais je ne cherchai pas plus avant, préfé-

rant me concentrer sur mon petit déjeuner. Au bout d'un moment, je me hasardai à lui demander pourquoi elle était montée sur ses grands chevaux, or non seulement ça ne me regardait pas, mais elle pouvait parfaitement monter sur ses grands chevaux si ça lui chantait, sans que je m'en soucie comme si c'était une question de vie ou de mort. Oui, bien sûr, dis-je alors (bien que, en l'occurrence, ça n'ait rien eu à voir avec une question de vie ou de mort). D'accord.

Quoi qu'il en soit, nous nous entendions pour qualifier le pull de très beau.

92) Au boulot, personne ne se pâma devant mon pull. On m'informait au contraire que les temps étaient un peu plus rudes que prévu. On m'informait encore que, dans le pire des cas, je serais mis à la porte. Bientôt. Non que j'aie fait du mauvais travail (pas du tout, mon chef voulait que je sache que j'étais un des éléments les plus brillants qu'il ait eus dès qu'il s'agissait de liquider les affaires courantes), mais en aucun cas, je n'étais indispensable. Si la situation continuait sur sa lancée (ce qu'il n'espérait pas), il en remercierait toute une ribambelle et les affaires courantes à liquider devraient être réparties entre les employés restants. Donc ce n'était pas du tout sûr, mais il préférait me préparer, au cas où..., mais si ça se trouvait, la période faste allait revenir dès le lendemain, on ne sait jamais, hein (non, en effet, on ne sait jamais, hein). Et je ne devais pas croire que c'était pour lui une partie de plaisir que de m'annoncer ça, c'était la lourde tâche dévolue au chef, etc.

93) Super, jubila Marianne. Elle était d'avis que dans ce cas, nous pouvions partir en vacances (et autant sortir sans plus tarder la valise). Je piquai illico une colère à la voir prendre la chose autant à la légère. C'est pas facile facile de perdre son emploi, dis-je – même si, très vite, je devais admettre que la perspective de vacances m'alléchait. Il fallait simplement qu'elle ait conscience que rien n'était encore décidé. J'allais peut-être pouvoir continuer. Mon chef m'avait laissé miroiter une possibilité, nom d'un petit bonhomme. On verrait. Elle s'était radoucie. Mais si... proposa-t-elle. Oui, si, alors là oui, disposai-je. Et quand je lui demandai si, au fait, en passant, elle avait de l'argent, elle répondit que, oh oui, elle le croyait bien.

94) Je fus tiré de mon sommeil par une Marianne occupée à m'embrasser et je sentis qu'elle avait bu un jus d'ananas au petit déjeuner. Je me demandais si l'odeur provenait de sa bouche ou émanait d'un endroit plus profond, quelque part dans le ventre. C'était sans doute bonnet blanc et blanc bonnet, néanmoins, je décidais qu'elle était émise par la bouche. Car si effectivement c'était bonnet blanc et blanc bonnet, Marianne allait sauter sur l'occasion pour m'attaquer, me resservir son laïus sur les nuances et me reprocher d'être un adepte du læstadianisme (au reste, je n'avais pas toujours pas saisi pourquoi Marianne estimait que les læstadianistes étaient des individus catégoriques qui rejetaient les mutations de l'existence, mais je n'avais pas la moindre envie de me voir accusé d'en être un, dans l'hypothèse où elle aurait une raison convaincante).

Elle me réveilla en me priant de regarder, elle venait de s'acheter des fringues (elle s'était levée tôt exprès). Un pull, un pantalon serré et une petite culotte. Il fallait que je regarde. Les fringues étaient jolies, certes, mais je m'autorisai à suggérer que le pull était peut-être un peu bizarre. Elle me demanda si je ne l'aimais pas et je répondis que ce n'était pas ce que j'avais dit. Elle me demanda du coup ce que j'avais dit, et je dis alors que j'avais mentionné l'aspect un peu bizarre du pull. Comment ça bizarre ? Euh, le motif était sans doute légèrement ambitieux. Et soudain, elle se ficha comme de l'an quarante de mon opinion, trouvant pour sa part qu'il était super beau (et tellement doux sur la peau). Je dis que je n'avais pas dit du tout qu'il n'était pas beau, mais seulement qu'il était peut-être (et j'insistai sur le peut-être) un peu bizarre. Il y a une différence énorme entre pas beau et bizarre, dis-je (sans parler de la différence abyssale entre moche et bizarre, même si, pas une seconde, je n'avais pensé au mot moche, et ne l'avais encore moins prononcé). Et à ces mots, elle me dit que j'étais un sombre con. Après quoi nous restâmes silencieux en attendant qu'elle regrette.

Puis elle essaya la petite culotte qui, elle, n'était pas du tout bizarre. Elle tortillait du cul, ondulait du bassin, et savait pertinemment que ça m'exciterait à mort et qu'elle abuserait de moi à plusieurs reprises. Je trouvais qu'il était peut-être un peu tôt pour ce genre d'activités, une réflexion qui l'agaça prodigieusement et à laquelle elle répondit qu'on n'avait tout de même pas besoin de montre pour baiser un peu, mais que si je le prenais sur ce ton... Je changeai alors d'avis et répondis que non, que je ne le prenais pas sur ce ton – et nous baisâmes, donc. (Plus tard, je me rendis compte que nous avions oublié, dans notre empressement, les lunettes de piscine, mais Marianne répondit que ce n'était pas grave vu qu'elle avait malgré tout été étonnamment excitée.)

95) Nous restâmes au lit une bonne partie de la journée et Marianne me demanda pour la première fois si j'étais amoureux d'elle. Je répondis que je ne le savais pas vraiment. Dans ce cas tu l'es, dit-elle. Ah ? dis-je. Bien sûr que si : un jour, elle avait lu un truc sur quelqu'un qui ne le savait pas non plus et qui, au fur et à mesure, s'était révélé être raide dingue amoureux. Le signe imparable qui prouve qu'on l'est, c'est quand on ne sait pas vraiment qu'on l'est. Oui, d'accord. Et, c'était dans quel livre, ça ? Euh, elle ne s'en souvenait plus très bien. Mais ç'avait été un livre génialissime, écrit par un auteur hyper-connu et hyper-reconnu (elle se demandait même si l'intéressé n'avait pas obtenu le Prix Nobel, tiens, d'ailleurs).

Je réfléchis un peu, après quoi je lui demandai si elle, elle était amoureuse de moi. Oui, elle le croyait. Mais est-ce qu'on l'est davantage quand on ne sait pas vraiment si on l'est ? Ah, c'était bien possible, oui. Auquel cas, je suis plus amoureux de toi que toi tu ne l'es de moi, arguai-je.

Ma remarque la ravissait, et elle promettait qu'avec le temps, elle tenterait de l'être tout autant que moi.

96) Marianne avait acheté de grosses pommes vertes (des Granny Smith). Allez, montre-moi, m'intima-t-elle,

et hop, je coupai la pomme en deux à la seule force de mes poignets. Elle n'en revenait pas (pour elle, ce n'était même pas la peine d'essayer, elle n'avait aucune chance – mais elle y arrivait avec un couteau, fallait pas pousser). Elle adorait le bruit de la pomme quand elle craquait, dit-elle. Nous regardâmes longuement les surfaces grumeleuses des moitiés de pomme. Qu'est-ce que je t'avais dit ? dis-je.

Et finalement, nous fûmes obligés de faire un gâteau aux pommes, pour éviter que les pommes brunissent. Pendant que j'allais acheter de la glace, elle fit la pâte. Un arrangement honnête, en somme.

97) Nidar-Bergene téléphona pour savoir comment ça se passait avec mon cristal. Ma foi, ça se passait bien. Elle voulait savoir si je ressentais déjà une différence. Faisant preuve d'honnêteté, je lui expliquai que je n'avais pas encore trouvé le temps de l'utiliser de manière très active. Elle proposait de le placer sous mon oreiller, de sorte qu'il puisse fonctionner pendant mon sommeil, sans aucun effort à fournir de ma part. Ça me semblait une bonne idée. J'allais voir, disait-elle, je me réveillerais plus reposé que jamais, les forces décuplées, et complètement lavé de toutes les impuretés humaines. Je lui signalai que je n'avais pas tant d'impuretés que ça, et que dans l'ensemble je ne me sentais pas si mal. Dans l'ensemble, d'accord, disait-elle. Mais je ne devais pas oublier qu'il existait des moments en marge de cet ensemble et que là, il était essentiel d'être un être humain. Indéniablement, dis-je. Et pendant qu'elle y était, elle entendait parfaitement à ma voix que celle-ci

trahissait une joie qui pouvait témoigner du fait que, dans mon inconscient, je m'étais mis à réfléchir de manière globale. Je répondis que oui, et que si quelqu'un le savait, c'était bien elle, mais que maintenant je devais raccrocher car j'avais une envie urgente d'aller au petit coin pour faire pipi.

98) Un mercredi, Halfred passa nous voir après le travail (il venait de piloter un supertanker à l'intérieur d'un archipel côtier et avait été transporté en hélicoptère). Il prendrait bien un petit café ? Avec joie. La situation était la suivante, voilà : il devait suivre une formation de lamaneur (en Suède) et se demandait si nous ne pouvions pas arroser ses plantes pendant son stage. Mais si, bien entendu. Un peu d'eau (pas trop) tous les deux jours et s'il s'en trouvait un, de jour, que nous oubliions, ce n'était pas non plus la fin du monde. Et voilà les clés (et nous n'hésiterions pas à prendre l'édition du samedi d'*Aftenposten*, avec son supplément *A-magasinet* auquel il s'était récemment abonné). Il s'absenterait pendant deux petites semaines et espérait revenir meilleur lamaneur encore. À très bientôt alors, Halfred. Et zim, Marianne lui claqua la bise. Sauf qu'il ne se levait pas. Je croyais qu'il se préparait intérieurement à nous annoncer quelque chose de difficile à dire, mais non. Halfred ne disait pas ce genre de choses. Encore un café ? dis-je enfin. Oui, dit Halfred. Il le but lentement, à petites gorgées, pendant que nous papotions curling. Et puis il partit en Suède.

99) Marianne et moi écoutions Schubert un samedi matin quand Bent débarqua. Nous lui servîmes un thé au miel et il se mit à fumer. Si nous voulions l'accompagner au cinéma ? Je n'en avais pas envie et Marianne déclina l'invitation, ajoutant que ça tombait mal, mais pourquoi pas une autre fois. Dans ce cas, Bent ne voulait pas y aller non plus. C'était chiant comme la pluie d'aller au cinéma tout seul, trouvait-il. Quand on voyait un film, le plus important n'était pas nécessairement d'être ému, mais d'être ensemble pour s'en souvenir après, trouvait-il aussi. Car sinon, il n'était pas convaincu qu'il irait, dans l'absolu, au cinéma. Pour ce qui le concernait, trouvait-il enfin, il était donc préférable de ne pas voir un film du tout plutôt que de le voir seul. Je lui dis que je croyais comprendre ce qu'il voulait dire, mais que je n'avais pas envie d'aller au cinéma pour autant ni pour cette seule raison. Mais s'il le souhaitait, il pouvait tout à fait emprunter notre téléphone et demander à quelqu'un d'autre. Il appela Nidar-Bergene et ils convinrent qu'elle le retrouverait chez nous dans deux heures.

Je m'étais résolu à l'idée qu'il n'y avait rien à faire sinon servir du thé, et donc je lui en servais cependant que Marianne remettait Schubert. Et nous discutâmes, alors qu'en réalité, nous attendions Nidar-Bergene.

Bent expliquait qu'il appréciait la vie d'étudiant pour son côté déstructuré. Mais il dormait beaucoup trop, disait-il, et il ne fumait pas autant qu'il l'aurait souhaité. Quatre, voir cinq heures de sommeil maximum, et sinon, la fumette. C'était le but, disait-il. Il aimait évoluer à la limite de ce que le corps était en mesure d'endurer, disait-il – et de nous raconter de très nombreuses histoires tout aussi pénibles les unes que les autres, et qui, en majeure et écrasante partie, avaient trait à la bière.

Je branlais silencieusement du chef et échangeais des regards avec Marianne en lui faisant comprendre mon scepticisme face à cet homme qu'elle qualifiait d'ami.

Bent fumait comme un sapeur et nul ne pouvait éviter de remarquer que l'ambiance était légèrement lugubre. Nous jouâmes aux dames chinoises, trois parties d'affilée, et je fus blessé de constater que Bent et Marianne faisaient tout pour me laisser gagner la quatrième. Nidar-Bergene finit par arriver pour embarquer Bent. Je marquai un point d'honneur à ne pas lui dire qu'il devait bientôt revenir nous voir, mais cela lui passa complètement au-dessus de la tête.

100) Après, je dis à Marianne que je l'aimais vraiment bien (elle ne devait pas en douter), mais que j'étais forcé de regretter le degré de nigauderie de la plupart de ses amis. Et non, je n'estimais pas que Bent était expressément con.

Marianne me donna une petite tape sur la joue en disant allons, allons. Elle voulait que nous allions faire une balade. Rien que nous deux. Je ne devais pas m'inquiéter autant des autres, recommandait-elle. Si Bent était un nigaud, c'était plus grave pour lui que pour nous (sur le long terme). Et elle me réconforta parce que j'avais été battu à plates coutures aux dames chinoises. Si, a priori, je n'en voulais pas, de son réconfort, force me fut ensuite d'admettre qu'il me faisait du bien. Et nous marchâmes dans les rues, lovés l'un contre l'autre. Nous respirions à pleins poumons, riions à gorge déployée et nous jetions mutuellement des boules de neige à la figure. Nous fîmes une grande balade et, quand nous rentrâmes à la maison, la nuit était tombée depuis un long moment.

Deuxième partie

101) Je suis à peine arrivé au travail que mon chef me prend à part pour m'annoncer qu'il est sincèrement désolé mais, hélas, on ne peut rien y faire. Je dois arrêter. Là, tout de suite ? Oui. Aujourd'hui même (hélas). Mais il ne faut pas que ça me chagrine, dit-il. Il m'appellera dès que les temps seront meilleurs (chez nous, on a toujours pris soin de nos employés). Quand je lui demande si un signe ou un autre montrerait par hasard que les temps seront bientôt meilleurs, mon chef me dit que ce n'est pas facile à dire, mais que les choses peuvent rapidement s'améliorer (peut-être même avant qu'on ait eu le temps de se retourner). Au sourire rassurant qu'il m'offre, je sens que je viens d'avoir la promesse d'un retour prochain. Ainsi que de l'argent, d'ailleurs. L'équivalent de trois mois de salaire. Mon chef écarte les bras et dit que, ça, c'est sûr, ce n'est pas une question d'argent. Je rentre à la maison, satisfait. De toute manière, je n'ai jamais été capable de concevoir une échéance de plus de quinze jours.

102) Eh bien dans ce cas, on part en voyage, dit Marianne. Oui, on n'a qu'à faire ça, dis-je. Et on le fait. Pour de vrai. Quelques jours plus tard. Je n'ai pas idée de tout ce à quoi il faut penser avant un voyage, affirme Marianne. Je lui demande si ça dépend du voyage mais

elle me répond que non, pas du tout. Nous voilà à devoir laver des vêtements et sortir sacs et valises. Sans oublier les fringues neuves que Marianne doit s'acheter et moi une nouvelle paire de chaussures, affirme-t-elle aussi. Prends celles-là, m'intime-t-elle. Et d'inciter la vendeuse à m'expliquer l'importance des chaussures pour nos pieds, ainsi que l'absolue nécessité pour notre bien-être d'avoir des pieds en bonne santé. On n'imagine pas le nombre de gens qui négligent leurs pieds, mais ceux-là, avertit la vendeuse, seront punis un beau jour. J'achète les chaussures, je les trouve classe. Nerveux, plein d'espoirs et ravi, je brûle d'impatience de partir en voyage.

103) Nous disons au revoir à mes parents. Ma mère a le cœur brisé, bien sûr, de savoir que son fils vient dorénavant gonfler les rangs des chômeurs, si bien qu'il lui est difficile de se concentrer sur autre chose. Elle me conseille de m'amuser pendant que je suis encore en mesure de le faire, car les réjouissances finiront vite par s'arrêter dès que j'aurai pris conscience de la gravité de ma situation (juste une question de temps).

104) Je m'évertue à convaincre Marianne que le train me va à merveille. Je suis juste passablement irrité qu'elle l'ait considéré comme un fait acquis, sans jamais daigner me consulter (je t'assure, Marianne, j'adore voyager en train). Si tu veux nous pouvons nous rabattre sur l'avion, dit-elle pour la troisième fois. Je ne veux simplement pas que'elle présume en permanence de mes opinions. Elle me promet d'arrêter. Et s'excuse

(donc, c'est d'accord pour le train ? demande-t-elle). Je hoche la tête.

105) Et finalement nous en restons là des préparatifs et nous sommes les seuls dans le compartiment. Rares sont ceux qui partent en voyage à cette période de l'année.

La première nuit est longue et plongée dans une obscurité quasi permanente. Avec pour seul paysage des arbres et de la neige. Mais peu nous chaut. Nous aimons les arbres, claironnons-nous. Quand Marianne dit qu'il faut prendre son temps, je suis d'accord avec elle. Le voyage en lui-même doit constituer une expérience inoubliable. Nous allons passer des vacances durant lesquelles tout ne sera qu'expériences, où tout sera d'une égale importance. Et quand Marianne dit aussi qu'il est stressant de poser comme condition sine qua non de ne devoir rien rater des différents lieux, je suis encore d'accord avec elle. C'est l'instant présent qui compte, insiste-t-elle. Il faut profiter de chaque instant. Et la voilà repartie à ressasser qu'il vaut mieux être en voyage qu'arriver à destination, si bien que je lui demande si elle a un petit bouddhiste dans le ventre, mais ce qu'elle a dans le ventre ou pas, ponctue-t-elle, ne me regarde en rien.

106) Je baisse la vitre afin de ménager un interstice de deux centimètres, puis je me mets à fumer. Marianne lit. Dehors, il fait froid. Et il neige. Mais le train roule si vite que la neige ne parvient pas à pénétrer. Je souffle la fumée en direction de l'entrebâillement et la vois vibrer

d'une manière capricieuse avant d'être aspirée dans la nuit. Plissant les yeux vers l'interstice, je demande à Marianne si elle a l'intention de lire longtemps et, de fait, c'est bien son intention.

Je contemple un paysage aux arbres recouverts de neige. Et bien que je n'en distingue qu'une zébrure, elle ne cesse de me fasciner l'espace d'un instant. Si je déplace mon regard d'un millimètre vers le bas, j'aperçois alors le reflet de mon visage sur la bordure métallique. Pas le visage entier, une partie seulement, et pas mes yeux. Du coup, j'en viens à me demander si ma bouche n'est pas remarquablement petite, peut-être trop petite. Je prends toutefois soin de ne pas consulter Marianne à ce sujet. Je ne voudrais pas la déranger. Sans compter qu'il serait regrettable d'attirer son attention sur ma petite bouche si jamais elle n'y avait jamais prêté attention. Cela risquerait même de la jeter dans des tourments irrépressibles. Voire, cette imperfection pourrait prendre des proportions insoupçonnées chez elle, me dis-je, l'accaparer complètement et la rendre monomaniaque (ces choses-là ont une fâcheuse tendance à perdurer).

Je serai chagriné de perturber l'harmonie qui est en train de se construire. Donc, je la ferme. De surcroît, Marianne aurait immanquablement glissé depuis belle lurette un commentaire de son cru si jamais il lui avait traversé l'esprit que ma bouche aurait gagné à être plus grande.

107) Lorsque Marianne me demande si je n'ai rien contre fermer la fenêtre, je réponds que j'aimerais

qu'elle reste encore un peu ouverte. À moins que ce ne soit un problème pour elle (bien sûr). Je lui demande si elle a froid. Non, pas vraiment. Qu'est-ce qu'il y a alors ? C'est difficile à dire. Ça la rend inquiète. Je lui dis que je comprends parfaitement ce qu'elle ressent. Ça m'arrive souvent, en ce qui me concerne. De subodorer certaines choses, d'entrevoir des sentiments, sans savoir exactement pourquoi. Il n'y a néanmoins, dis-je, aucune raison pour ne pas chercher à trouver ce qui la tracasse. Je l'invite, en d'autres termes, à se livrer à une petite introspection, de sorte qu'elle pourra peut-être, sous peu, formuler les motifs expliquant son souhait de me voir fermer la vitre.

108) Ni elle ni moi ne décrochons un mot pendant un long moment.

Marianne prend alors la parole pour manifester son complet désaccord sur le fait qu'on devrait trouver des explications valables pour tout et n'importe quoi. Elle estime qu'elle peut très bien me demander de fermer la fenêtre sans, au préalable, avoir élaboré un motif inattaquable. C'est son droit le plus indiscutable. De la même manière que je peux moi aussi lui dire des choses semblables, dit-elle. Je ne suis plus d'accord. Qu'elle ait froid est une chose, dis-je. Mais tant qu'elle ignore pourquoi, il m'est pénible, à moi, de fermer la fenêtre. Je la prie de se souvenir qu'il n'est pas rare de croiser des gens dont les représentations sont aussi inébranlables qu'inexpliquées sur des sujets auxquels ils n'ont pas réfléchi le moins du monde. Et donc peut-être, au fond, son souhait correspond-il à ce modèle, dis-je. Je la sens prodigieusement agacée. Mais je suis mon petit bonhomme de chemin en lui expliquant que nous ne devons pas omettre le principe selon lequel les fenêtres ouvertes sont, depuis la nuit des temps, synonymes de froid, de courants d'air (et, partant, de maladies – l'usure et la mort) ; aussi, je l'invite vivement à considérer qu'il est tout à fait plausible que de telles pensées lui aient ne fût-ce qu'effleuré l'esprit. Inconsciemment, il va de soi. Elle ne dit rien. Elle se contente de me fixer d'un regard épuisé. Puis elle me lance que, décidément, je n'ai aucun sens de la limite.

Je jette un œil par la fenêtre. Le train est à l'arrêt. J'avise un homme sur le quai. Il a bu. Si la probabilité existe en ce bas monde, alors c'est un Suédois. Marianne s'endort. Je ferme la vitre et m'endors à mon tour.

109) Nous sommes réveillés par un contrôleur désireux de consulter nos billets. Nous nous approchons de Stockholm. Marianne s'étire et dit qu'elle a certes réfléchi à mon petit laïus, mais qu'elle n'a trouvé aucune explication valable susceptible de me donner raison. Elle estime toujours ne pas avoir besoin de motifs pour demander que les choses soient faites différemment. C'est, selon elle, une question de sentiments. Parfois, et c'est tout bête, on ne peut pas mettre de mots sur les choses, mais ça n'empêche nullement d'être persuadé qu'il doit en être ainsi et pas autrement – et elle me demande si je comprends. Je mens, et je dis oui.

Le jour vient de se lever mais il fait encore noir. Des projecteurs partout dispersés nous aveuglent et dirigent leur lumière stérile vers le ciel. Il devient difficile de regarder par la fenêtre sans avoir mal aux yeux. J'ai beau trouver qu'il s'agit là d'une totale aberration, Marianne affirme au contraire que, sur ce point, elle est sur la même longueur d'ondes que les Suédois. Elle n'a jamais été très rassurée dans le noir, confesse-t-elle.

Enfin le train s'arrête, ce qui nous permet de descendre. Nous nous dégourdissons les jambes en évoluant dans la gare suédoise au charme vraiment très relatif.

110) Nous découvrons que notre train s'est passablement allongé au cours de la nuit. Un tel spectacle nous fait du bien. Nous avons été partie intégrante d'une chose plus grande que nous ne l'aurions cru.

111) Il faut que je prenne des photos de Marianne devant une fontaine, tandis qu'elle se façonne une bouche en cul de poule. Puis nous nous embrassons pendant un assez long moment. Après quoi elle veut repartir. Elle trouve tous les habitants de Stockholm en proie à la terreur, comme s'il en allait de leur vie. Elle désigne une femme qui passe à côté de nous et qui, visiblement, a peur de quelque chose. Marianne considère que nous n'allons manquer à personne si nous repartons. Je laisse entendre que, si elle souhaite être dans un lieu où elle manquera à quelqu'un, autant reprendre le train en sens inverse et rentrer à la maison. Mais ce n'est pas à ça qu'elle fait allusion, dit-elle. Et d'ajouter que les hommes ne comprennent pas ce genre de réflexions. Parfois, dit-elle, dans un endroit où on n'est jamais allé, on sent qu'on manque à quelqu'un, ou bien

on se sent désiré. Je n'ai jamais ressenti cette impression ? Non, jamais. Marianne affirme qu'on le sait dès qu'on arrive quelque part. Si tel est le cas, ça signifie alors que le voyage est terminé. Mais Stockholm n'est pas un endroit qui suscite pareille impression.

112) Dans le train, la matinée s'étire dans un calme absolu. Pour un peu, à sa manière, elle serait presque insignifiante. Mais bonne et tranquille à la fois. Marianne est encore plongée dans sa lecture. Je la regarde. J'observe ses doigts qui tiennent le livre. Longs et fins. Je pense à ses coups de tête permanents. Il relève du mystère, pour moi, de savoir si elle est extraordinairement particulière ou si je suis considérablement ordinaire. Je sens bien que quelque chose sonne faux sans pour autant parvenir à me représenter ce qui pourrait être différent.

113) Je demande à Marianne si elle veut un bonbon à la réglisse. Oui, elle en veut un, volontiers. Ce qui ne l'empêche pas de poursuivre sa lecture. Elle daigne lever les yeux pour me remercier (merci). Ma présence ne l'atteint pas. Mes pensées ne l'atteignent pas non plus. Elle n'est même pas troublée par les arrêts continuels du train à toutes sortes de gares minuscules (il faut bien que les gens qui vivent dans des petits patelins puissent prendre le train eux aussi, dit-elle quand j'en fais la remarque).

Je m'interroge : d'où tire-t-elle ses représentations ? Elles semblent jaillir. Comme venues de nulle part. Du moins en apparence. Elle n'agit pas à ce niveau-là. Et je me surprends, l'espace d'une seconde, à vouloir être comme Marianne. Aussi libre dans mes pensées.

Tu es imprévisible, dis-je. Tous les humains le sont, répond-elle. Pas moi, dis-je. En tout cas pas autant qu'elle. En effet, peut-être, admet-elle.

114) Lorsque le train fait une halte à Perstorp, Marianne jette un coup d'œil par la fenêtre et s'exclame : hé, tu as vu comme elle est bizarre la maison là-bas ! Je la vois effectivement mais ne lui trouve rien de bizarre. Marianne n'insiste pas. Cet échange verbal ne conduit à aucune espèce de discussion. La maison s'illustre par son absence flagrante de singularité et il serait ridicule de la part de Marianne de monter cette affaire en épingle. Elle n'arrive même pas à me faire dire que la maison est un peu bizarre (elle est d'une banalité confondante, que diable).

Ensuite, nous fixons le paysage d'un regard intense, histoire de trouver une maison dont la singularité nous sauterait aux yeux à tous les deux. Nous finissons par en trouver une. Nous la montrons du doigt, y allons de notre petit commentaire, ricanons, puis Marianne se rapproche de manière à être lovée contre moi. Elle me serre dans ses bras et me souffle dans l'oreille.

115) Depuis le ferry, nous voyons le Danemark se rapprocher. Dès que nous aurons dépassé ce détroit, tout sera radicalement différent, dis-je en tapotant Marianne dans le dos. Laquelle réplique qu'un tel point de vue donne à penser que j'aime certaines parties du voyage plus que d'autres – et de me rappeler que nous étions

tombés d'accord pour affirmer que le voyage était un but en soi. Certes, je m'en souviens, mais je considère néanmoins que quitter la Norvège puis la Suède est une chose alors qu'arriver au Danemark en est une autre, radicalement différente au demeurant. Passé ce détroit, nous laissons quelque chose derrière nous, dis-je. Et j'ajoute que j'ai tout de même le droit de penser ça. Elle secoue la tête. Elle estime que j'ai des opinions tendancieuses. À croire que certaines parties de la nature seraient meilleures que d'autres. Ça lui ferait presque penser à une forme d'apartheid aux dépens de la nature, dit-elle. Arrête ton cinéma, maintenant, lui dis-je. Mais elle le continue, son cinéma. Si bien qu'aucun d'entre nous ne desserre les dents avant que nous n'arrivions à Copenhague. Là, nous sommes bien obligés d'ouvrir la bouche pour décider de ce que nous allons faire.

116) Une fois à l'extérieur de la Gare centrale, Marianne pose ses valises et s'arrête. Elle me demande de revenir sur mes pas. Elle mouille son majeur pour enlever près de mon oreille un reliquat de mousse à raser séchée. Je la prie de cesser son petit jeu. Ça me crispe prodigieusement que des passants puissent la voir faire (puisqu'ils ne peuvent pas savoir que c'est la première fois). Marianne s'énerve, s'excuse, avec un sarcasme manifestement diaphane dans la voix. Je lui signale que je ne tolérerai plus ce genre d'agissements venant d'elle. Elle m'assure qu'elle ne le refera plus jamais. Même si je ne lui enjoins pas de me le promettre.

117) Nous nous perdons de vue. J'ignore comment ça arrive mais soudain, Marianne n'est plus à mes côtés. J'entame des recherches. D'abord dans la Gare centrale, puis dans le centre. Mais Copenhague est si grande et Marianne si petite que c'est à peine si je les retrouve l'une comme l'autre (Copenhague, si, chaque fois que je m'arrête sur un banc pour souffler un peu ; Marianne, non, pas le moins du monde).

Bien après minuit, je la retrouve à la gare. Nous avons eu si peur l'un pour l'autre. Nous nous serrons très fort, pleurons, et nul ne songe à accuser l'autre de ce qui vient de se passer. Bien au contraire, nous essayons de nous comporter en adultes, d'être raisonnables, en demandant quel enseignement nous sommes susceptibles d'en tirer. Et nous nous fixerons dorénavant, pour le reste du voyage, des rendez-vous immanquables, affirmons-nous.

118) Nous nous réveillons dans une chambre d'hôtel, enlacés. Marianne veut que je la regarde se masturber. Je n'y vois pas d'inconvénients. En outre, ça ne dure pas très longtemps.

119) Quelque chose de beau se produit pendant notre séjour à Copenhague. Nous ne vivrons peut-être ensemble jamais rien de plus beau, raison suffisante pour que tout ceci mérite d'être écrit.

Nous nous réveillons tout aussi enlacés que la veille et nous nous entendons à merveille du matin jusqu'au soir. Marianne m'embrasse, me dit que je lui ai manqué pendant son sommeil. Elle jette un œil par la fenêtre, signale qu'il fait beau, qu'elle connaît un endroit où nous pourrons passer la journée. C'est un endroit charmant, elle y est déjà allée. Je vais être surpris. Nous prenons un train régional qui nous conduit dans un grand parc planté de vieux chênes. Marianne précise qu'il y fait toujours soleil. Tu déconnes, là, dis-je. Mais elle ne déconne pas.

Nous découvrons des animaux qui gambadent entre les arbres. À peine s'ils ont peur quand nous nous approchons d'eux. Nous marchons main dans la main, trouvons les animaux jolis – ce sont des daims. Des garçons nous prêtent un boomerang. Nous jouons. Nous n'y arrivons pas mais nous rions, beaucoup, en nous donnant régulièrement des coups de coude, et je m'imagine que ce genre de jeu va resserrer nos liens comme jamais.

Nous nous asseyons sur les marches d'un petit château construit sur une éminence. Nous contemplons le paysage en pente douce. Mais nous ne commentons pas ce que nous voyons. Nous échangeons peu de mots. Nous sommes bien. À ce moment très précis, nous sentons tous les deux que nous sommes véritablement amoureux.

Nous restons assis sur les marches beaucoup plus longtemps que nous ne l'aurions tous deux imaginé. Il ne fait pas froid, quand bien même la saison indiquerait le contraire. Nous ne bougeons pas d'un millimètre lorsque perce le crépuscule et nous n'avons toujours pas changé de place alors qu'il fait nuit noire depuis un bon moment déjà. Marianne sort de son sac un carton de mauvais vin rouge qu'elle a réussi, par je ne sais quel tour de passe-passe, à maintenir caché jusqu'à maintenant.

Puis nous évoluons parmi les arbres robustes. Nous regardons les nuages défiler devant la lune. Quand Marianne dit qu'elle trouve bizarre qu'il ne fasse pas plus froid que ça, je partage son point de vue.

Il est si tard que plus aucun train ne circule pour nous ramener en ville. Un peu désemparé, je m'interroge à haute voix sur ce que nous allons bien pouvoir faire, nom d'une pipe. Marianne frappe à la porte d'une petite maison en briques située à la lisière du parc. Lorsque la porte s'ouvre, Marianne s'excuse, polie, mignonne. Tout à fait correcte. Elle demande à emprunter le téléphone pour appeler un taxi. L'homme à qui elle s'adresse est un vieux gardien qui vit ici avec sa femme. Ils trouvent que ce serait vraiment ballot que nous dépensions plusieurs centaines de couronnes dans un taxi pour pouvoir rentrer en ville. Ils échangent un regard, considérant tous les deux que ce serait décidément bête et ballot. Puis ils nous annoncent que nous pouvons passer la nuit chez eux et nous proposent la chambre de leur fils (il a déménagé depuis belle lurette). Nous leur disons que c'est beaucoup trop gentil de leur part, puisque ça l'est, mais Marianne me chuchote que, de temps à autre, il est possible de faire ce genre de choses malgré tout, et je lui donne raison. Nous nous confondons en remerciements à l'adresse du vieux couple. L'épouse nous demande si nous acceptons de coucher dans la même chambre (nous sommes peut-être mariés ?). Nous le sommes visiblement, répond Marianne, une affirmation que je lui laisse prononcer et, l'espace d'un instant, je suis aux anges en pensant que je ne l'ai pas contredite.

Les deux septuagénaires nous invitant à déguster un vin de sorbe, nous discutons avec eux pendant un long moment. Le gardien nous parle du parc. Des animaux, des arbres. C'est presque son parc à lui. En tout cas, ça l'a été pendant longtemps. Marianne me prend la main, qu'elle caresse devant eux. Nous sirotons le vin cuit, et quand l'épouse nous apprend qu'elle l'a fait elle-même, je la regarde, débordant d'admiration.

Le lendemain matin, nous nous réveillons dans une chambre de garçon inondée de soleil. Le gardien et son épouse n'ont rien voulu bouger à l'intérieur. Leur fils n'en sera pas moins grand pour autant à leurs yeux (exactement comme il se doit). Des avions sont suspendus au plafond et les murs sont recouverts de posters de voitures. Je me dis que rien ne peut être mieux que maintenant et, toujours allongé, je me sens heureux. D'un calme olympien. Et je me dis aussi que Marianne et moi allons rester ensemble pour toujours.

Nous ne faisons pas l'amour. Ce n'est pas nécessaire. Rien n'a besoin d'être différent. Nous restons simplement allongés, un large sourire aux lèvres. Un rayon de soleil se pose sur la racine des cheveux de Marianne et je n'ai qu'une envie : rester ici, au lit, et être joyeux pour le restant de la journée. Mais l'épouse du gardien frappe délicatement à la porte pour nous demander si nous avons envie de prendre le petit déjeuner. Nous nous faisons un peu prier mais finissons par les rejoindre, partager leur table et boire du thé. Nous réitérons nos remerciements les plus chaleureux.

120) Déjà, dans le train qui nous ramène à Copenhague, l'atmosphère heureuse du matin s'est délitée. Je demande à Marianne si elle peut me donner un chewing-gum, mais il ne lui en reste qu'un et elle veut se le garder. Quand je lui signale que je trouve ça mesquin de sa part, elle me jette un regard qui ferait dresser les cheveux sur la tête de n'importe qui.

Le voile d'éternité qui enveloppait notre relation se ratatine. Je reconnais que nous sommes éphémères tous les deux.

121) Nous poursuivons notre voyage vers le sud et il ressort que les Allemands se sont approprié la mauvaise habitude suédoise qui consiste à disposer dans les endroits les plus farfelus de puissants projecteurs et à les laisser corrompre la belle nuit brumeuse. Là encore, je me désolidarise très nettement de cette pratique, mais Marianne affirme comprendre tout autant l'attitude des Allemands. Elle ne voit pas en quoi il serait plus étrange pour les Allemands d'avoir peur du noir que pour les Suédois, puisque eux-mêmes en ont peur, du noir, affirme-t-elle aussi.

Tandis que nous entrons dans Essen, légèrement en avance sur l'horaire habituel auquel les gens se réveillent, je ne cache pas mon étonnement à constater que les Allemands ont si peu la particularité de se lever de bonne heure. Je n'ai vu de la lumière que dans deux des milliers de fenêtres que nous avons dépassées pendant la dernière demi-heure. Peut-être qu'à Essen, les gens aiment trottiner chez eux dans le noir, suggère Marianne (alors là, ce serait encore plus particulier).

Il me vient brusquement l'idée d'interroger Marianne sur la destination de ce train. Il va à Paris. Je me demande à haute voix ce que nous avons à y faire (tout le monde y va en masse), ne devrions-nous pas avoir un peu plus de présence d'esprit et contourner cette capitale ? Marianne me demande si j'ai une fois dans ma vie songé aux motifs qui peuvent pousser les gens à se rendre à Paris (auquel cas je ferais mieux de gamberger dès maintenant). Et, puisque, de fait, je n'y ai jamais réfléchi, je m'y attelle sans plus tarder, au débotté, à la demande. J'en arrive à la conclusion que ce n'est peut-être pas une perspective si grotesque, en fin de compte.

122) Qui, sinon les Allemands, peut se mettre en tête de construire une barre de H.L.M. aussi ordinaire, à l'immarcescible mocheté, et qui, de surcroît, mesure quatre kilomètres de long ? je demande (nous venons à l'instant d'en passer une). Marianne a beau chercher, elle ne trouve pas. J'ajoute que je crois que les Allemands ont un besoin compulsif de gigantisme qui frise les limites de la perversion. Marianne, qui voit la chose sous un autre angle, considère qu'il vaut sans doute mieux que certains soient atteints de gigantisme plutôt que personne ne le soit du tout. Peut-être, oui, dis-je en continuant de cogiter. Ou peut-être pas, non, dit Marianne, ce à quoi je dis moi-même que, si ce doit être ça la conclusion, nous ne sommes guère plus avancés. Marianne estime pour sa part que, en tout cas, nous ne sommes pas en retard non plus. Comme s'il était possible d'être en avance, ajoute-t-elle au bout de quelques secondes. En coulant un regard vers moi.

123) En revanche, les Allemands possèdent des horloges épatantes. C'est leur droit le plus entier. Je me réveille quasi systématiquement lorsque notre train s'arrête à une gare et, à chaque fois pour le coup, je

jette un regard appuyé et prolongé sur le même type d'horloge. Un Allemand a dû réussir à élaborer une horloge (la toute première dans son genre ?) qui donne l'impression d'avoir du temps devant soi, qui procure la sensation que le temps s'écoule lentement. Aucune urgence n'est plus de mise lorsqu'on se tient sur le quai d'une gare allemande. La trotteuse ne se contente pas de tourner, non : elle s'arrête tout à fait à chaque seconde. C'est génial. L'horloge indique le temps sans se presser. En extrait toute la substantifique moelle. Assister à pareil spectacle me fait du bien.

124) Après un contrôle des billets qui nous tire de notre sommeil, je signale à Marianne la violente différence en matière de célérité qui caractérise les contrôleurs (le Danois qui, la veille au soir, farfouillait dans ses papiers pendant plus d'un quart d'heure, sans toutefois être capable de répondre à notre question sur les correspondances ; a contrario de l'Allemand qui, à la seconde près, nous a fourni une réponse cristalline, voire, qui nous l'a répétée un nombre de fois plus que nécessaire – quand bien même je n'avais pas émis de requête en ce sens).

Tu penses trop, dit Marianne qui, du coup, me demande si je trouve que c'est un handicap. Je trouve que non, pas du tout. Bien au contraire, c'est d'ailleurs pour moi un honneur, dis-je. Et je dis aussi que, selon moi, voyager, c'est penser. J'engrange des choses, je vis des choses au travers de la pensée, des associations, la réflexion qui en découle et qu'on se formule à soi, un peu en solitaire. Il est primordial de comparer le nouveau avec le connu. Dès lors, le voyage a davantage de sens, du moins pour ma part.

Marianne estime qu'établir des comparaisons est le faux pas le plus significatif que commet la gent masculine. Certes, dis-je, mais ça n'en demeure pas moins ma manière de considérer le monde. Je suis légèrement épouvanté de constater que Marianne désire me soustraire à ma façon de penser (je n'en connais pas d'autre). Et Marianne de dire que c'est précisément là le problème. Personnellement, elle préférerait de loin être restée à la maison que de s'exposer à un voyage accompagné du genre de pensées qui sont les miennes.

125) Chaque fois que nous passons devant des villes, celles-ci me plongent dans un état méditatif ; à l'issue de celui-ci, je ne peux cesser de penser au nombre d'habitants et de véhicules motorisés qui évoluent dans ces lieux (et, en dernière instance, dans le monde entier). Prenons Anvers. Il faut une demi-heure pour la traverser. Et ce en dépit de la vitesse du train. Rues, fenêtres et voitures défilent à perte de vue. Je suis quelque peu abasourdi en songeant à tous ces individus. Dès lors, les chiffres deviennent insignifiants. Je ne parviens pas à m'en représenter la quantité. Ni dans quelle mesure je devrais sourire si je me nouais d'amitié avec eux tous (sourire jusqu'aux oreilles suffirait à peine). Nous autres êtres humains existons selon des proportions qui dépassent mon entendement, que je ne suis pas même en mesure de me représenter, encore moins de manière abstraite. Et je me dis que Dieu a dû faire preuve d'une ambition un poil irréaliste sur ce coup-ci.

Il a certainement trop présumé de ses forces. Il ne pouvait pas s'arrêter à un moment donné, mettons à Anvers ? Dire, O.K. les gars, ça suffira pour cette fois. Appeler un jour à ce que ça cesse ?

Mais non, il ne le pouvait pas. Et maintenant, on se retrouve coincés là.

126) Marianne me réveille pour me préciser que toute la superficie de la Belgique ressemble à un seul et même chantier de travaux publics. À un quartier insalubre en voie de réhabilitation. Quand je lui demande si elle a eu le temps de voir toute la Belgique, elle me répond qu'elle en a vu plus qu'assez. Je jette un œil par la fenêtre et suis d'accord pour affirmer que le paysage n'est certes pas d'une joliesse saisissante, mais que je trouve son jugement légèrement injuste. Le pays doit bien avoir ses beautés cachées, malgré tout. Marianne me fait un bisou en disant combien je suis mignon à toujours prendre la défense du plus faible. La Belgique n'est tout de même pas à ranger du côté des plus faibles, nom d'une pipe en bois, je m'exclame. Mais Marianne considère que si, au contraire. Elle fait même partie des choses les plus faibles parmi les plus faibles.

127) Paris commence à pointer le bout de son nez derrière la vitre. Je me rechausse non sans cacher ma joie.

Juste avant l'arrêt du convoi, Marianne me demande si nous ne ferions pas mieux de sauter directement dans un autre train et de repartir aussi sec. Je m'étonne de cette suggestion dans la mesure où c'est elle, Marianne, qui désirait voir Paris. Elle réplique que ce n'est désormais plus aussi capital qu'avant. Je lui fais remarquer que si nous ne descendons jamais du train, nous ne pourrons pas dire que nous avons été quelque part. Marianne considère qu'il s'agit là justement d'une question de définition et que, en outre, elle se contrefiche de ce qu'elle racontera aux autres par la suite. Ce qui compte, c'est de savoir de quoi nous avons envie ici et maintenant. Eh bien moi j'ai envie de rester un peu à Paris, ici et maintenant. J'ai envie de prendre une douche, de regarder les gens dans les parcs, de boire du vin et d'être calme dans mon corps. Sans oublier que nous ne pouvons pas coucher ensemble dans le train, dis-je (persuadé que je viens de mettre en avant un argument de poids qui va la faire changer d'avis). Ah oui, on ne le peut pas ? rétorque-t-elle alors, si bien que je m'attends à ce qu'elle me démontre le contraire, sauf qu'elle ne me démontre rien. Elle me laisse entrevoir qu'il n'est pas du tout certain qu'elle ait la moindre envie de coucher avec moi dans la chambre d'un hôtel parisien. Nonobstant, nous ne prenons pas d'autre train. Nous sortons de la gare et laissons planer notre regard. Je me plais ici. Marianne est déterminée à ce que Paris se transforme en une inanité, de sorte qu'au bout de quelques jours, je lui donne raison et affirme qu'il aurait mieux valu repartir aussi vite.

128) Nous prenons le métro ici et là et dans tous les sens à maintes reprises, et foulons aux pieds en moins de deux le mythe selon lequel, aux dires de tout un chacun, l'agglomération serait parsemée de pensions aussi pittoresques que bon marché. Nous trouvons néan-

moins une chambre. À l'intérieur des frontières de la ville et à un prix raisonnable. Marianne trouve que la chambre n'a rien de plaisant et ne rate pas une occasion de le souligner.

129) Marianne refuse de quitter la chambre. Je trouve ça un peu idiot de sa part, d'autant qu'elle répète à tout bout de champ qu'elle ne se plaît pas ici. Si ça se trouve, Paris va nous dévoiler des lieux plus sympathiques, dis-je. Mais non, dit-elle. Elle suggère que j'occupe ma journée en faisant ce dont j'avais envie (et qu'ensuite on se tire d'ici). Trouvant qu'il ne s'agit pas d'une proposition dénuée d'intérêt, j'emporte un livre et pars m'installer dans un parc. Je lis. De temps à autre, je hausse un sourcil. Il y a beaucoup de gens dans le parc. Du coup, je me laisse aller à mes pensées. Certains donnent à manger aux pigeons. Des pères de famille passent avec leurs petits garçons. Ils portent un ballon de football de cette manière malhabile dont seuls les pères de famille habitant dans une grande ville ont le secret (l'art de porter un ballon d'une seule main – sans se salir les doigts – comme on porte un plateau avec des verres en cristal, le bras replié, les doigts à moitié ankylosés). Et ces pères tapent dans le ballon avec leurs fils, les mains au fond des poches de leur manteau gigantesque. Sans jamais se départir de leur style impeccable. Impliqués sans l'être entièrement, en s'octroyant de courtes pauses qu'ils mettent à profit pour discuter avec des connaissances – le plus souvent des mères de famille accompagnées d'enfants dans les âges des leurs. Puis ils ramassent le ballon de

foot, le posent artistiquement dans leur paume et conduisent leurs fils vers la sortie.

Je poursuis ma lecture. Mais c'est tellement agréable d'observer tous ces gens. J'avise un groupe de garçons qui courent dans tous les sens en riant. La plupart d'entre eux sont noirs. Et hyper-adorables. Ils sautent en l'air, s'amusent à n'en plus finir. Je me dis que ce doit être le grand moment tant attendu de la semaine. Leurs mères ne sont pas à proximité (et leurs pères encore moins). Avec leur casquette rouge, ils sont tous un peu foufous, font les branquignols et débordent d'imagination dès qu'il s'agit d'effrayer les pigeons. Je m'étonne moi-même d'avoir envie d'écrire une petite histoire à leur sujet, que je souhaite appeler *Le dimanche des petits garçons noirs*. Tout content de moi, je note ce titre au dos d'une enveloppe. Plus tard dans la soirée, je brode dessus jusqu'à en faire une histoire que je trouve particulièrement séduisante. Je souris, la lis à haute voix pour Marianne, mais elle ne lui trouve rien d'intéressant. Et, le lendemain, elle ne me plaît plus du tout à moi non plus.

130) Petit déjeuner. Le serveur nous demande comment nous voulons nos œufs. Marianne le lui explique en français, et bien qu'elle prenne tout son temps, le serveur n'est nullement pressé. Pour elle, ça lui est égal, affirme-t-elle, mais je veux le mien aussi dur que possible, ce qu'elle lui fait comprendre. Le serveur prend des notes, hoche la tête (un jus d'orange également ?). Les œufs arrivent et Marianne n'est pas satisfaite de ce qu'elle obtient dans son assiette. Elle n'arrive pas à en avaler ne serait-ce qu'une bouchée et déclare que son

œuf est beaucoup trop mollet. Pourtant, elle a affirmé que ça lui était égal, non ? Certes, mais elle a oublié. Elle prétend maintenant qu'elle savait bien qu'il y avait un petit quelque chose dans les œufs qu'elle n'aimait pas et c'est justement ça qu'elle a oublié. Nous en venons à partager mon œuf, et Marianne précise que c'est pile comme ça qu'elle les aime.

131) J'achète une bouteille de vin et demande à Marianne si elle en veut. Oui, volontiers, dit-elle, mais elle dit aussi qu'elle n'est pas d'humeur à faire l'amour (dans le cas où ce serait ça que j'espérais). Déçu, je lui demande pourquoi. Pour rien, si ce n'est l'ambiance de cette ville qui ne se prête pas à l'amour. Mais moi je suis là, je me récrie, et moi je m'y prête, je m'écrie. Elle estime pour sa part que ce genre de choses dépend de toute une somme de facteurs (une multitude d'ambiances et de sensations qui doivent pouvoir se combiner dans une situation donnée, il n'y a pas que moi dans l'histoire, même si, en tant que tel, je suis loin d'être dégueu). En fait, dans l'absolu, il y a tant de choses qui doivent coller... Et elle soupire (comme pour dire qu'elle voudrait tellement, mais que ces choses extérieures qui ne sont pas de son ressort le lui interdisent). Dans ce cas, je fais remarquer, il faudrait plutôt se réjouir que ça colle de temps en temps. Oui, elle trouve que nous devrions nous réjouir, et plutôt deux fois qu'une.

132) Marianne devient inépuisable dès qu'il s'agit de cartes postales. À Ruth et Glenn, elle écrit que tout va comme sur des roulettes et que la vue du haut de la

Tour Eiffel est impressionnante, oui, presque effrayante. Mais, tu n'y es même pas allée, dis-je. Tu mens, Marianne. Mais elle s'en tape le coquillard, dit-elle. Et la voilà partie à me critiquer sous prétexte que je suis toujours irréprochable et adepte de la vérité absolue. Les cartes postales ne sont rien qu'un jeu avec les mots et les concepts, soutient-elle. Un peu comme écrire de la poésie. Les contrevérités de ce genre sont, selon elle, d'une totale innocence et parfaitement conciliables avec la condition même de l'être humain. Je suis scandalisé. Rien que son utilisation de l'expression « comme sur des roulettes » montre le manque de sérieux dont elle fait preuve quand elle les écrit, ces fameux mots. Et elle me regarde. En disant que ce n'est pas demain la veille qu'il va être question de coucher avec moi.

133) Du coup, quand je lui fais entendre que je ne veux rien avoir à faire de près ou de loin avec ses cartes postales, elle me propose sans vergogne de partager les tâches, de manière à ce qu'elle puisse écrire les cartes postales pendant que je descends au lavomatic le plus proche pour qu'on ait des fringues propres. Je n'ai pas la force de discuter plus avant avec elle. Je me contente de ramasser les vêtements et de me tirer. Je suis le premier étonné à lui concéder une victoire aussi facile.

Quand je reviens, elle me dit que ce sont des choses que je dois apprendre à accepter. La vie à deux se compose d'une suite ininterrompue de compromis, dit-elle encore.

134) Marianne me demande si je n'ai pas remarqué combien nous sommes devenus hostiles l'un envers l'autre à

Paris. Je dis que si. Elle se demande si je sais d'où ça peut venir. Je dis que je ne le sais pas (nous sommes peut-être crevés, tout bonnement ?). Elle croit pour sa part que la réponse se trouve dans l'ambiance délétère qu'une si grande agglomération doit nécessairement dégager. Tu crois ? je demande en gambergeant là-dessus. Je reconnais qu'elle a sans doute raison. Nous continuons à en parler tout en buvant du vin et, au bout de quelques verres, nous échangeons de belles paroles et nous réconcilions.

Nous ne nous sentons pas acceptés en tant qu'individus dans cet endroit. La grande agglomération est morbide comme idée. Elle est contraire aux instincts de l'être humain et révèle ce qu'il y a de pire en nous, disons-nous. Si bien que, tout d'un coup, nous nous sentons seuls (bon, quand même pas tout d'un coup, dit Marianne – cette sensation, elle l'a eue dès que le train a pénétré dans la gare). Est-ce que nous en viendrions à manquer l'un à l'autre si, mettons, nous repartions ? demande-t-elle. Je réponds que je suis incapable de me l'imaginer. Nous trouvons tous les deux qu'il s'agit là d'une pensée étouffante. Que personne n'ait besoin de nous. En revanche, nous pouvons faire davantage de choses ensemble, je propose. Sortir dîner, aller aux musées, ce genre de trucs, quoi (Marianne n'a toujours pas mis le nez dehors). Effectivement, nous le pouvons, concède Marianne, mais elle l'aurait fait avec davantage de plaisir si elle avait su que nous allions bientôt repartir. Ce à quoi je réponds que nous pouvons parfaitement mettre les voiles dès demain, et du coup, elle me serre dans ses bras et précise que je ne dois pas le prendre comme un chantage de sa part mais que, si je le pense vraiment, elle sera alors hypercontente. Je le pense vraiment.

Je nous sers davantage de vin, nous buvons, et réfléchissons à la morbidité inhérente à la grande agglomération (c'est bizarre que, au bout du compte, des gens habitent ici, disons-nous au bout d'un moment). Et nous voici soudain d'accord sur presque tout.

135) Nous parlons jusque tard. Dans une atmosphère conviviale. Marianne dit qu'il est important de parler de temps en temps. Assis dans le grand lit de la chambre d'hôtel, nous nous retrouvons tous deux en mesure de nous ouvrir très librement de notre relation. Je dis que je trouve bizarre que nous soyons ensemble. C'est arrivé si brutalement. Presque sans que je le sache, sans que ma propre volonté ait eu une quelconque influence. Marianne dit que c'est précisément ce genre de relations qui sont les plus fortes. Je dis que je trouve qu'elle connaît tant de choses, mais elle ne sait pas comment accepter les compliments comme celui-ci. Elle est gênée, ça la rend encore plus mignonne. Elle m'avoue que je suis important pour elle, bien qu'elle ait conscience que l'ensemble puisse prendre certaines fois des proportions un peu étranges. Elle comprend tout à fait que j'éprouve parfois un sentiment de frustration. Je suis content qu'elle comprenne.

Puis nous parlons du voyage. Je confesse qu'à un moment donné, j'ai failli regretter d'être parti, mais que maintenant ça va mieux. Elle est d'accord. Elle confesse à son tour qu'elle regrette de m'avoir mis en tête cette lubie de s'arrêter à Paris. Oui, il est évident que si nous nous sommes arrêtés ici, tout le mérite lui revient (l'idée ne me serait jamais venue si elle-même ne l'avait pas mentionnée comme s'il s'agissait d'une évidence). Toujours est-il que nous convenons de repartir par le prochain train et je lui demande où, à son avis, nous devrions aller. Et son avis, c'est que ce n'est pas d'une importance capitale. Pourquoi est-ce qu'on ne descendrait pas du train quand on en a envie ? demande-t-elle. C'est tout à fait envisageable, je réponds. Et d'un coup d'un seul, la multitude d'ambiances et de sensations, censées se combiner pour que ça colle, se combinent, ça colle, et nous faisons l'amour, là, dans le lit. Marianne me caresse les cheveux puis le bas du ventre et se demande à haute voix si je ne peux pas la prendre par derrière. Ce que, naturellement, je peux faire.

Nous prenons une douche et nous sommes dans une forme éclatante. Marianne applaudit ma proposition d'aller dîner dehors (et peut-être qu'après, on pourrait faire un tour dans un club de jazz ?). Elle trouve que je suis décidément intelligent dès qu'il s'agit d'avoir de bonnes idées.

136) Tu ne parles jamais de toi, dit Marianne en me fixant, sans ciller, d'un regard perçant. Je suis surpris. Ah bon, tu crois ? (je suis pour ma part absolument persuadé qu'elle se trompe). Puisqu'il en est ainsi, je l'interroge pour connaître ce dont elle souhaite que nous parlions. Ça, dit-elle encore, ce n'est pas à elle de décider. Je dois le trouver tout seul comme un grand. Personne ne peut m'aider. Et d'ajouter que les hommes

atteints de blocages affectifs sont légion de nos jours (je ne suis pas un cas isolé). Que les hommes soient plus fermés que les femmes est par ailleurs un fait avéré, affirme-t-elle (ce n'est pas facile tous les jours pour vous de vous ouvrir à vous-mêmes). Sur ce, elle me passe une main dans les cheveux, trouve que je suis à plaindre, mais s'efforce dans le même temps de souligner que l'amour est en jeu. Non, ce n'est pas facile tous les jours, dis-je. Marianne estime que je devrais songer à travailler de manière un poil plus active sur ma petite personne. C'est une question de développement positif, affirme-t-elle également. Il ne s'agit pas de rester là, affalé sur sa chaise, et de stagner.

Je lui demande si le but est que j'aille bien moi-même ou si c'est pour son bon plaisir qu'elle dit ça. Les bras lui en tombent. Rien que le fait que je sois capable de poser cette question montre à quel point je n'ai strictement rien pigé à ce qu'elle a voulu dire, dit-elle. Je dis que je vais très bien, merci, que je n'ai nullement besoin d'une auto-analyse introspective pour aller mieux. À ces mots, Marianne secoue la tête : oui, c'est ce qu'on croit, mais le temps finira bien par me prouver le contraire, soutient-elle. Et selon elle, quand je me rendrai compte qu'elle avait raison, ce jour-là, je me prendrai une remontée de bretelles dont je me souviendrai (elle va même jusqu'à assurer que, au demeurant, croire qu'on va bien est un malentendu tout à fait répandu, alors qu'en réalité on va mal).

Quand je lui réponds que je la trouve très confuse avec ses réflexions qu'elle lance à tout bout de champ, elle est blessée. Elle me réplique que le temps ne va pas tarder à nous montrer qui de nous deux est le plus confus, et je vois parfaitement qu'elle n'est pas loin de croire que ce ne sera pas elle.

137) Je lui annonce que j'ai l'intention de passer la soirée seul. Aller faire un tour, peut-être. Être un peu seul. Marianne m'apprend que c'est aussi ce dont elle a envie. Elle avait songé me le proposer depuis longtemps, et voilà qu'elle est agacée que je l'ai devancée. Il ne faudrait pas que je croie que j'ai plus envie qu'elle d'être un peu seul.

Nous partons nous promener chacun de notre côté. Sauf qu'au bout de quelques heures, nous nous croisons fortuitement dans une librairie. Nous ne savons pas trop comment nous dépêtrer de cette coïncidence. Quand je lui demande si prendre une bière avec moi la tente, elle pense qu'il s'agit d'une question piège. Alors que ma question est pour le moins innocente. Nous ne tardons cependant pas à nous retrouver autour d'une table et à siroter une bière. Passés deux ou trois regards en coin, l'un de nous finit par sourire à l'autre, lequel est bien forcé de lui rendre son sourire. Nous sommes réconciliés. Nous passons le reste de la soirée main dans la main. Marianne ricane à maintes reprises de choses que je dis. Des choses d'une trivialité affligeante.

138) Et pourtant, nous ne repartons pas le lendemain. Maintenant que nous nous sommes dit que nous allions quitter Paris, il n'y a plus aucune urgence à le faire, dit Marianne (que ce soit aujourd'hui ou demain – quelle importance en fin de compte ?).

139) Je promets à Marianne d'acheter un fromage. Je me tiens donc dans un supermarché avec des fromages à perte de vue. Il est par conséquent tout naturel qu'opérer un choix ne soit pas des plus aisés. Je lorgne du côté d'un couple de personnes âgées situées à un mètre sur ma droite. Ils ouvrent moult boîtes de camembert en appuyant sur le fromage et en échangeant des paroles. Ils semblent sceptiques. Ne voulant pas être plus nigaud que les autres, j'ouvre à mon tour une boîte et procède à un toucher central, une opération qui se révèle pas si désagréable. Je le prends puis tourne les talons. Le couple me regarde longuement. Un peu jaloux de voir que j'ai réglé l'affaire en deux coups de cuiller à pot.

140) Nous traînons dans les rues. Sans rien faire. Sans rien nous dire non plus. Là, une galerie. Marianne veut entrer. Des tableaux pas ordinaires sont accrochés aux murs. Marianne m'explique que nous avons affaire à de l'art contemporain. Plusieurs peintures sont rehaussées de couleurs chatoyantes. L'une d'entre elles consiste en un fond rouge tout juste strié d'un homme tronc bleuâtre, aussi fin qu'un trait, tentant d'attraper une tache gigantesque et bleue à l'aide d'un sabot minuscule. Il va de soi que l'opération est proprement impossible. Trois ou quatre carrés jaunes transparaissent aux coins de la peinture. Elle me plaît énormément. Marianne est plus réservée. Elle affirme pouvoir maîtriser son allégresse mais souhaite néanmoins savoir ce qui me plaît tant. Je réponds que je me reconnais dans l'homme tronc. Il essaie d'attraper quelque chose de très grand avec quelque chose de beaucoup trop petit. C'est à la

fois mignon et un peu misérable. Marianne me lance que je peux parfois être d'une séduisante banalité. Ce que je viens de raconter en dit sacrément long sur moi, d'après elle. Lorsque je lui demande ce que ça en dit, elle refuse de répondre. Tu es tellement bizarre, dit-elle. Tu racontes tellement de choses bizarres, dit-elle aussi. Et lorsque je lui demande si, pendant qu'elle y est, elle me trouve impénétrable, elle s'abstient cette fois encore de répondre.

141) Je veux acheter le tableau. Marianne considère qu'entreprendre une telle action serait dramatique. Entre aimer quelque chose et l'acheter, il y a un pas énorme, dit-elle. Bien sûr que c'est énorme, dis-je. Physiquement, la différence est énorme. Sinon insurmontable intellectuellement. De quelconque, cette peinture devient mienne. Il va de soi que c'est absolument choquant. Mais ça ne m'empêche pas de la vouloir. Je pourrais parfaitement rebrousser chemin et garder le souvenir d'une peinture à Paris, dis-je. Ce serait une jolie petite histoire. Mais je ne suis pas là pour en faire, des histoires. Pas du tout du tout. Si tant est que je l'achète, ce tableau sera une partie de moi-même. Il sera accroché aux différents murs qui jalonneront mon existence. Témoignera du fait indubitable qu'un jour, je suis parti en voyage. Et je n'oublie pas de préciser que, pour moi, il est plus important d'investir mon argent dans ce genre d'objets durables que le dépenser en passant mes vacances à vivre comme un pacha et à me ruiner.

Je remarque que ça fait un petit moment déjà que je parle tout seul. Je n'en ai pas l'habitude. C'est comme ça, ai-je dit. Voilà ce que je pense, ai-je dit aussi. Marianne est visiblement surprise de me voir insister autant. Mais achète le tableau alors, réplique-t-elle (mais que je ne m'imagine pas qu'elle va le porter à ma place à travers toute l'Europe). Je lui signale que cette pensée a été sur le point de me traverser l'esprit.

142) Quand Marianne demande le prix du tableau, le galeriste nous laisse entendre que l'artiste est jeune, inconnu, et très désireux de vendre. Il décroche son téléphone et finit par l'avoir au bout du fil. Nous négocions pendant plusieurs minutes. Marianne joue l'intermédiaire. Il apparaît que l'artiste ne voit pas d'un très bon œil le départ de son tableau hors des frontières françaises. Je précise que je peux tout à fait lui laisser mon adresse de sorte qu'il vienne me rendre visite pour voir sa peinture quand bon lui chantera (été comme hiver). Il est toutefois d'avis qu'il n'en sera rien, et que des plans sur la comète dans ce style, lui, on ne les lui fait pas. Je finis par lui dire qu'il est impossible qu'il ait sué sang et eau en peignant ce tableau. Il n'aura qu'à en refaire un autre. Froissé dans son orgueil, l'artiste affirme qu'il s'en tape, de la vente, après quoi il nous souhaite un bon voyage. D'accord, dis-je. Eh bien adieu, dis-je encore. À ces mots, le galeriste et l'artiste, soudain soucieux, échangent quelques phrases rapides. Le tableau est pour moi. Et plus question de discuter le prix. Je demande à Marianne qu'elle demande si le galeriste ne peut pas l'envelopper tandis que, à l'autre bout du fil, l'artiste veut bien, en fin de compte, mon adresse.

143) Marianne se jette dans mes bras quand nous sortons de la galerie. Elle trouve que j'ai fait preuve d'une détermination sans faille et qui plus est, j'ai été sexy en diable. Elle vient de découvrir une toute nouvelle facette de moi, prétend-elle, qu'elle aime mais alors vraiment beaucoup. Nous rejoignons l'hôtel main dans la main, et Marianne, fière de moi, m'embrasse à bouche que veux-tu. Je la prie de tempérer un peu son emballement.

Mais elle est intarissable : et que je n'ai laissé aucune chance au galeriste, et que je les ai mouchés en beauté. Elle est persuadée que je ne l'ai pas simplement surprise, mais que j'ai aussi pris Dieu au dépourvu. Là, je me sens forcé de l'exhorter à se calmer. Mollo, mollo, dis-je. Allons allons, dis-je encore.

De retour dans notre chambre, les choses collent de nouveau, si bien que nous passons le reste de la journée au lit. Je commence vaguement à percevoir ce qu'il faut pour que tout colle aux yeux de Marianne.

144) Nous observons une vitrine contenant de très nombreuses calculatrices. Pour d'obscures raisons, nous passons un temps infini à les contempler. Ma préférée compte parmi les moins chères. Marianne estime qu'il s'agit là typiquement de chichis d'intello. Alors que pas du tout. Les autres sont sûrement cent fois mieux, dit-elle. En tout cas, elles sont plus grosses, dis-je. Peut-être, mais sans doute meilleures aussi, dit-elle. Bon d'accord, mais moi c'est la petite pas chère que j'aime. Ça ne peut pas être possible, soutient-elle, rien que d'un point de vue logique. Si on m'achète celle que j'aime, c'est uniquement à cause du prix, soutient-elle

également. Je rétorque que, là, c'est elle qui joue les læstadianistes. Elle doit être capable de s'ouvrir aux nuances de la pensée et de l'esthétique tout comme elle le fait pour le langage, nom d'un petit bonhomme ! Elle s'accorde un moment de réflexion. Puis elle me demande quelle utilisation j'en aurais. Mais je ne sais pas, moi, ce serait juste pour l'avoir, voilà tout. Mais mettons que j'aie réellement besoin d'une calculatrice (mettons que je sois comptable) ? J'avoue que, dans cette hypothèse, la situation serait radicalement différente mais que, en l'occurrence, et stricto sensu, ce n'est pas l'objet de notre discussion.

À Marianne qui me dit que nous passons beaucoup trop de temps dans des discussions comme celle-ci, je réponds que moi, elles me plaisent. Si on étudie la vie suffisamment longtemps, j'ajoute, on découvrira que ce sont ce genre de choses simples qui en constituent le sel. Marianne pouffe de rire et déclare que je suis bien trop jeune pour avoir étudié suffisamment longtemps, quel que soit d'ailleurs l'objet de mon étude. Je dis que si j'ai la chance de vivre jusqu'à l'âge de quatre-vingt-cinq ans, je suis à peu près certain que je tirerai la même conclusion. Et quand Marianne me dit qu'il ne nous reste plus qu'à patienter pour vérifier, je m'attendais bien sûr à une remarque de ce genre venant d'elle.

145) Marianne aperçoit un oiseau mort gisant sous une voiture stationnée. Elle est aux cent coups (pauvre pauvre pauvre). Quand je lui demande si elle est bouleversée parce que l'oiseau est mort ou parce qu'il est mort et qu'il gît sous une voiture, elle me répond que je

suis insensible. Alors que je ne le suis pas. J'ajoute que je ne suis pas sans penser moi aussi qu'il s'agit d'un bien triste spectacle. Du coup, elle me demande si j'en connais un rayon, moi, peut-être, sur la condition des oiseaux à Paris (et elle part du principe que mes connaissances équivalent à peau de balle et balai de crin). Je suis quelqu'un d'arrogant, selon elle, quelqu'un de froid. Je la trouve injuste envers moi et, si elle tient à le savoir, eh bien je crois que les oiseaux parisiens sont loin de souffrir le martyre. Plusieurs millions d'habitants peuplent cette ville, dis-je, et je doute qu'ils aient tous l'occasion de donner de l'amour à leurs semblables. Subséquemment, ils reportent vers les oiseaux leur besoin de tendresse (de toute façon, le pain français est bon à jeter au bout de vingt-quatre heures, alors). Marianne se plante les doigts dans les oreilles en disant qu'elle refuse d'entendre pareil blabla aussi prosaïque. Elle est émue, et je devrais la laisser tranquille avec son émoi. Je lui présente mes excuses.

Après un petit moment, elle me demande si je crois vraiment que c'est un hasard si les oiseaux ne vont grosso modo pas si mal à Paris. Je le crois, en effet. Elle m'assure que ça lui fait un peu de bien de le penser. Mais également que ça lui fait quand même un peu de peine de savoir l'oiseau mort sous la voiture. Moi aussi, ça me fait un peu de peine. Ça nous fait un peu de peine de savoir les oiseaux morts, disons-nous de conserve.

146) De but en blanc, Marianne m'apprend que c'était son anniversaire. Quelques jours plus tôt. Je ne manque pas de réagir, de m'étonner qu'elle n'ait rien dit, mais

elle dit qu'elle n'aime pas fêter le temps qui passe. Elle pense que la personne qui a inventé les fêtes d'anniversaire l'a fait uniquement pour ne pas que nous nous rappelions que nous vieillissons (ce qui est pourtant bien vite arrivé le jour de son anniversaire). Au beau milieu d'une chanson, avec du gâteau plein la bouche, il devient alors difficile pour la mélancolie et l'angoisse d'imprimer leur marque, affirme Marianne.

Néanmoins, si cette pensée ne la quitte pas, elle peut tout aussi bien se ruer sur un gâteau et deux-trois cadeaux, je suggère. Mais elle ne partage pas mon avis. Et d'ajouter que ce devait être un petit salopard malintentionné, le type qui a inventé l'idée de fêter son anniversaire. Je prends la défense du salopard en question et dis qu'il ne pensait sûrement pas à mal.

147) Ni elle ni moi ne parvenons à dormir cette nuit-là. Nous faisons l'amour plusieurs fois mais devons arrêter quand nous avouons tous deux que nous persistons dans le but de nous épuiser et de nous assoupir.

Bizarre tout de même que nous puissions, en fin de compte, partir où bon nous semble à n'importe quel moment, dit Marianne. Je ne trouve pas ça si bizarre, mais peut-être daignerait-elle préciser sa pensée...

Elle estime que nous devrions songer à comment c'était il y a cent ans ou, mettons cinquante (pour le coup). Un voyage tel que celui que nous entreprenons serait quasiment impossible. Je dis que je comprends. Aujourd'hui, il nous suffit de monter dans un train, dit-elle, rêveuse. Oui, et en plus, il roule à plus de cent kilomètres heure et nous emmène là où nous le voulons, ou presque, dis-je. Marianne considère que la vitesse à laquelle le train roule ne signifie rien. Ça ne l'intéresse pas, elle. Je considère pour ma part que ça signifie quand même quelque chose bien que, elle, ça ne l'intéresse pas, et jusque-là, elle est d'accord. Le plus important demeure toutefois qu'on sache quand le train va partir et quand il va arriver. Dès lors, on peut se préparer à passer un certain nombre d'heures dans le train et on sait que le voyage ne va pas durer éternellement, dit Marianne. J'ai quelques objections. Car pour que le train puisse arriver à temps et respecte ce nombre d'heures données, il faut qu'il roule à une certaine vitesse, je fais remarquer. Peut-être, mais il s'agit là d'une question technique, absolument superflue dans le raisonnement de Marianne (elle, pourvu qu'elle soit informée du temps qui sépare le départ de l'arrivée, le train peut bien rouler aussi vite que ça lui chante). Mais ça, le train ne le peut pas, j'insiste. Il respecte la vitesse requise pour pouvoir arriver à temps à l'horaire indiqué, ou plutôt : l'horaire d'arrivée qui nous est indiqué est consubstantiel de la vitesse du train. Je suis tout feu tout flammes à présent. Sauf que Marianne, elle, a un peu perdu le fil de la discussion.

Elle dit que je suis incorrigible, que discuter avec moi lui donne constamment l'impression que se cachent de grands mystères. Qui ont trait aux ultimes limites de ce que nous sommes en mesure d'admettre. Prétend Marianne. Elle estime néanmoins que ceci (hélas) est tout à fait non calculé venant de moi. Elle ferait mieux de réviser ses certitudes à la baisse, dis-je. Et je ne cache pas qu'elle devrait également essayer de déplacer ses limites de manière à ce que la distance entre celles-ci soit plus grande.

148) Nous regardons deux personnes âgées descendre de la rame du métro. Un vieux couple. Ils se sont toujours connus. Il ouvre la porte et sort le premier. Fait deux ou trois pas. Puis il se retourne sur la droite. Il opère une rotation sur son corps. Cela fait bien longtemps qu'il ne peut plus tourner la tête. Il se retourne et constate d'un rapide coup d'œil que sa femme le suit. Ils s'approchent d'un escalier. Elle, toujours deux pas en arrière. Légèrement sur la droite. Dans sa main, lui tient un petit sac.

Je regarde Marianne. Elle me regarde. Nous regardons les deux vieillards. Le métro repart, et nul d'entre nous n'est capable de dire quoi que ce soit.

149) Marianne se réveille en trouvant un peu dommage que je ne sois pas noir (elle a vu tellement de Noirs à Paris qui avaient beaucoup de classe, dit-elle). Je dis que, hélas, je ne le suis pas, que je n'y peux rien, ce qu'elle comprend. Si certaines choses sont comme elles sont et pas autrement, eh bien celle-ci en fait partie. Marianne est d'accord. Et elle ne m'en fait pas le reproche, m'assure-t-elle. Pas du tout. Mais on a quand même le droit de rêver. Je confirme : oui, bien sûr, on a le droit.

Je lui propose, lorsque nous sommes dans l'obscurité, de faire comme si j'étais noir (de toute manière, il n'y a que nous, donc). Mais elle trouve que ce n'est pas une bonne idée. Elle croit même que ce serait une fâcheuse habitude à prendre.

150) Je fixe à l'aide d'un cordon le tableau à l'arrière de mon sac. Puis nous prenons le train. En nous répétant que l'endroit où nous irons importe peu. Marianne veut que nous descendions quand nous le sentirons. À n'importe quelle gare ? Non, ce ne sera pas n'importe quelle gare, martèle-t-elle, car quand on suit son intuition, c'est toujours bien. Je l'interroge pour savoir laquelle d'intuition nous devons suivre : la mienne ou la sienne ? Qui sait si nous allons ressentir la même chose ? lance-t-elle. Oui, qui sait ?

Marianne lit. Je défais le tableau, le regarde et trouve cette acquisition décidément épatante. Cette peinture sera toujours mienne. Marianne s'est mise à l'apprécier. Elle dit que c'est une jolie peinture. Agréable à regarder.

151) Je dis que je suis en passe de me sentir un peu plus en sécurité par rapport à ce voyage. J'éprouve une bonne sensation. Nous ne venons pas expressément de commencer, mais nous ne devons pas non plus rentrer immédiatement. Nous sommes en plein dedans. Comme qui dirait au beau milieu de la forêt. En conséquence de quoi, nous pouvons tout à fait dire, mais alors vraiment, que nous sommes en voyage. Marianne estime que je suis beaucoup trop préoccupé par ce que nous allons pouvons dire aux autres. Je dois oublier les

autres. Notre objectif doit être le suivant : vivre comme si nous n'allions strictement rien dire à personne. Je ne comprends pas pourquoi (et Marianne ne me l'explique pas non plus). Je persiste néanmoins à penser que c'est une bonne sensation que celle-ci, et je le dis. Je dis que ce que je préfère, c'est quand je suis au beau milieu des choses, en plein dedans. C'est peut-être bien de commencer ou de terminer, mais c'est drôlement mieux d'être en train de faire quelque chose. Marianne trouve que c'est le type même d'attitude fâcheuse à avoir. Je serais plus avisé de veiller à ne pas tout considérer selon la position de ce tout par rapport au centre. Car alors, tout devient moins bien, tant avant qu'après, me prévient-elle. Et j'ai comme l'impression qu'il y a une part de vérité dans ce qu'elle dit. Malgré tout, il me semble difficile de renoncer à ma bonne sensation.

Nous ne disons rien pendant un petit moment. Puis elle me demande à quoi je pense. Je réponds que je pense à ce dont nous venons de parler. Ce qui est sûr, c'est que nous n'allons pas si mal, dis-je. Et Marianne trouve aussi que nous n'allons pas si mal. Et hop, nous n'allons pas si mal.

152) Je m'endors dans le train. La nuit est tombée et presque tout le monde dort. Mais pas Marianne. Elle lit toujours, elle. Réveillé à intervalles réguliers par un boucan quelconque, je la découvre avec un livre sur les genoux. Je lui demande si elle a une lecture d'une extrême lenteur. Non, pas le moins du monde (à l'école, elle comptait parmi les plus rapides). Je dis que je n'ai aucun mal à me l'imaginer.

M'entendant croire qu'il s'agit toujours du même livre, Marianne éclate de rire, me trouve à la fois mignon et naïf, et précise que, bien évidemment, il s'agit d'un nouveau livre. Ça doit faire au moins deux jours qu'elle a terminé l'autre. Mais celui-là lui ressemble ? je demande. C'est juste, en effet. Il lui ressemble. Je me rendors.

Brusquement, Marianne me tire de mon sommeil en me priant de prendre mon sac. Elle a déjà placé ses valises près de la sortie, rangé mon tableau qu'elle a accroché aussi soigneusement que si je m'en étais chargé. C'est là que nous descendons, m'informe-t-elle. Ah oui ? Oui. On est où ? Elle l'ignore. Mais elle sent qu'ici, nous sommes désirés. Elle sent qu'ici, quelqu'un nous attend. Nous descendons.

153) Il n'y a pas âme qui vive sur le quai.

154) Je prends la mouche, lui signifie qu'elle s'est trompée dans les grandes largeurs. Personne ne nous attend. Et je suis loin de retrouver ma bonne humeur en voyant le train repartir. Marianne s'étire, inspire un grand bol d'air frais et nocturne et dit que c'est ici que nous devions venir. Ce lieu est le but du voyage. Puis elle me caresse la joue, me signale que je devrais me raser et ajoute que ça doit être épuisant à la longue de mener une existence de manière aussi concrète comme je suis tout le temps en train de le faire. Elle, ce qu'elle recherche, c'est l'ambiance, explique-t-elle. Et elle vient de la trouver. Ici même. Pour elle, c'est comme si quelqu'un avait fait notre rencontre. Elle le sent, très claire-

ment – et moi, je ne le sentirais pas, par hasard ? Je me vois forcé de répondre que non. Ah non ? fait-elle – et de m'assurer que dans ce cas, je n'ai qu'à lui faire confiance. Quand je lui précise qu'elle ne me laisse guère le choix, elle me précise à son tour qu'elle non plus, elle n'a pas le choix (elle suit simplement une espèce de force intérieure).

Mais alors, dis-je, c'est tout bonnement son intuition que nous avons suivie. Effectivement, oui. Elle considère toutefois qu'il aurait été vain d'attendre mon intuition. Puisque nous ne savons même pas si j'en ai une.

155) Marianne me propose de retourner dans les bras de Morphée tandis qu'elle fait un petit tour d'horizon, histoire de glaner quelques informations. Trop fatigué pour la contredire, je déroule mon sac de couchage sur un banc où je m'endors.

156) Marianne me réveille pour me parler d'une auberge qu'on lui a mentionnée. Par ailleurs, aucun bus ne circule dans le coin. En revanche, elle a de la nourriture. Du pain délicieux, du fromage et des yaourts. Elle veut savoir si je suis d'accord pour marcher un petit peu afin de rejoindre l'auberge. J'opine. Et, pour la première fois depuis le début du voyage, nous entendons les oiseaux chanter.

Je vais aux toilettes de la gare. Je pisse. Puis je me rase en fredonnant *Åkken Bom*. Et si Marianne me demandait, là, je ne refuserais pas de lui signifier que nous sommes arrivés dans un endroit charmant.

157) Nous nous mettons en marche. Nous portons à tour de rôle les valises de Marianne, pas du tout aussi lourdes que je l'avais cru. Je lui demande ce qu'il y a dedans et elle me dit que, en gros, elles ne contiennent guère que des petites culottes. Et combien pèse une petite culotte ? je m'enquiers. Mais ça, Marianne l'ignore.

Nous marchons pendant longtemps, et je le lui dis, tel que je le pense : je trouve que nous marchons depuis affreusement longtemps. Marianne se contente de hocher la tête. Nous ferions mieux de nous réjouir de ne pas être en été, sous le cagnard, dit-elle. Du coup, je dis qu'on a tout de même le droit de se plaindre d'une situation sans devoir absolument songer à ce qui aurait pu la rendre pire encore. Certes, tout peut toujours empirer, dis-je, mais y penser en permanence est décidément une fausse bonne idée. De plus, jamais je n'ai dit que c'était la barbe, et ma récrimination était minuscule, sinon dérisoire. Elle doit pouvoir accepter ça, nom d'un petit bonhomme. Marianne me dit alors que, pour ma part, j'ai décidément une tendance flippante à poursuivre des pensées minuscules, sinon dérisoires, jusque dans leurs retranchements les plus ultimes. Sur ce, je lui dis que moi seul, et non elle, décide si les pensées que je poursuis sont minuscules ou monumentales.

Nous évitons de nous regarder pendant un moment certain. La route que nous longeons m'a tout l'air d'être interminable.

158) De l'eau d'un ruisseau. Constatant mon scepticisme, Marianne me ricane au nez et me demande si je crois qu'il n'y a qu'en Norvège qu'on boit de l'eau.

L'eau c'est de l'eau, considère-t-elle, et je ne vais pas commencer à la ramener en prétendant que c'est autre chose. Sans compter que ma soif l'emporte sur mon scepticisme.

Je suis prodigieusement agacé de paraître plus fatigué que Marianne. Elle ne se départ pas de son sourire et trouve notre balade formidable. Quand vient le crépuscule, nous nous asseyons dans l'herbe pour nous reposer, et je remarque, non sans un certain soulagement, que Marianne, à présent, est un poil fatiguée et irascible. Nous sommes ronchons tous les deux. C'est mieux. J'évite ainsi de faire comme si de rien n'était, comme si son ambiance du tonnerre nous emplissait l'un et l'autre.

Nous continuons notre chemin, la nuit tombe, l'auberge n'est nulle part en vue. Je commence à avoir de sérieux doutes. S'amorce une discussion impossible à clore, mise en branle par notre doute commun quant au chemin à emprunter. Et si Marianne avait mal compris l'explication ? Ou qu'on se soit fait embobiner ? Nous admettons tous deux que ce serait fort ennuyeux et trouvons tous deux qu'il est désormais logiquement indéfendable qu'une auberge puisse se trouver dans les parages.

Désorienté, je demande ce que nous sommes en train de fabriquer. Marianne répond qu'elle n'en sait rien. Nous déposons notre barda et demeurons enlacés pendant quelques minutes. Je souhaite intimement que Marianne ait un peu peur du noir ou des bruits en provenance des arbres (d'où qu'ils viennent d'ailleurs). Mais elle n'a pas peur du tout.

Ni elle ni moi ne savons ce que ceci implique, dit Marianne. En effet, nous ne le savons pas, dis-je. Mais elle pense tout de même que nous allons continuer, dit-elle. Oui, on n'a qu'à faire ça, dis-je.

159) Nous nous réveillons dans une chambre blanche aux fenêtres donnant sur un jardin. Dans la chambre voisine, un téléphone sonne au petit bonheur la chance. Personne ne décroche. Le silence se fait. Puis la sonnerie retentit à nouveau. Longtemps (c'est vrai, la première fois, on ne sait pas si on a composé le bon numéro). Et le silence se réinstalle. Nous restons allongés, somnolons, sourions, entremêlons nos doigts. Marianne appelle la réception pour commander un petit déjeuner dans la chambre. Je souris en signe de contentement. Je l'encense pour cette saine initiative. Puis je me pâme devant ses seins magnifiques. Elle rit, nous les touchons elle comme moi. Elle me montre ce qu'elle trouve bon et je le garde gravé dans ma mémoire. Nous touchons ses seins derechef, la situation dégénère.

Quelqu'un frappe à la porte et nous annonce que le petit déjeuner est servi. Marianne répond qu'ils n'ont qu'à le laisser sur le seuil. Absorbé par la situation, j'ai surtout envie de laisser le petit déjeuner à sa condition de petit déjeuner. Or non. Pas question. Et donc nous le découvrons posé sur un plateau et nous le mangeons lentement, toujours étendus dans le lit. Est-ce que je le sens, là ? me demande Marianne (que nous sommes désirés – comme si cette chambre n'avait jamais cessé de nous attendre). Je ne suis pas certain qu'elle sousentende que je dois m'imaginer qu'il en est ainsi (car je le peux sinon, hein), ou si elle sous-entend qu'il en est réellement ainsi : que la chambre, d'une certaine manière, savait pertinemment que nous viendrions. Il apparaît que ma seconde supposition est la bonne. Marianne prend son temps pour me l'expliquer. Car si nous n'étions pas venus, la chambre ne se serait alors jamais trouvée ici. Elle n'aurait pas eu besoin d'exister. Voilà à mon sens une pensée bien singulière. Mais belle, aussi. Et je le lui dis.

Je me rendors. Quand je me réveille, je me retourne pour dévergonder Marianne et l'emporter vers une quelconque activité sexuelle. Mais elle n'est pas là.

160) Je la trouve au jardin. Assise sur une balançoire, vêtue d'une robe bleue. Elle sourit. Je m'étonne qu'elle ait si peu dormi, lui en demande la raison, et elle me répond qu'elle ne s'est jamais sentie aussi réveillée et en forme. Je trouve légèrement injuste de devoir dormir alors qu'elle n'a pas besoin d'autant de sommeil, mais elle tempère mon emportement en disant que ce sera sûrement bientôt mon tour de demeurer éveillé.

161) Je nous commande une truite au déjeuner, pour quatorze heures. Je souhaite en réserver la surprise à Marianne, sans pour autant parvenir à tenir ma langue. Elle se dresse sur ses ergots, estimant que je n'ai pas à présupposer ce dont elle a envie au déjeuner. Reconnaissant que sa remarque est d'une méchanceté non seulement superflue mais surtout gratuite, elle se reprend, me félicite par une petite tape et déclare que ce

sera sûrement bien. Puis ajoute qu'en outre, elle a l'estomac dans les talons.

162) Pendant le déjeuner, je demande à Marianne si elle a l'habitude de tendre attentivement l'oreille quand je m'adresse à elle. Il est évident que oui, m'assure-t-elle. Je poursuis ma petite batterie de questions en lui demandant cette fois si, dans l'éventualité où je viendrais à prononcer une parole géniale, inoubliable, que les autres doivent absolument entendre, si donc, dans ce cas-là, elle viendrait à la noter. Puis-je lui faire confiance ? Elle la noterait ? La transmettrait ? D'un haussement d'épaules, Marianne veut savoir si je l'ai prévu au programme, si c'est pour cette raison que je pose la question. Non, je ne prévois rien dans l'immédiat mais on ne sait jamais. Elle sourit, secoue la tête et m'informe qu'elle ne va pas se casser la tête à écrire tout ce qui passe par la mienne. Je ferais mieux de le noter moi-même, suggère-t-elle. Je lui fais remarquer que ce ne sera pas la même chose, une partie du charme d'être cité sera probablement rompu si on l'écrit soi-même. Elle se fend d'un nouveau haussement d'épaules – un piètre geste à mes yeux. Je tente un instant de la convaincre, mais Marianne a perdu le fil de la conversation. Un faisceau de signes semble indiquer que celle-ci s'approche lentement d'une mort annoncée.

163) Marianne accroche la peinture dans notre chambre. Je m'en rends compte à mon réveil. Du coup, je lui demande si elle prévoit de rester à la pension un certain temps encore. Elle acquiesce, précise que pour

elle, nous avons atteint le but du voyage. Elle ne peut pas aller mieux. Je me sens exclu et ne manque pas de le manifester. Et ça, non, même avec la meilleure volonté du monde, elle ne le comprend pas. C'est tout de même la sensation que j'ai, dis-je, où que puisse bien se loger dans le monde sa meilleure volonté ; aussi, je lui reproche de faire des projets dans mon dos. Elle me réplique que, pas une seule seconde, elle ne s'attendait à ce que je me montre compréhensif envers elle mais que, quoi qu'il en soit, nous venons d'atteindre le but de notre voyage (et si je n'en ai pas la sensation, eh bien dans ce cas, je n'ai, comme je l'ai si bien dit l'autre jour, qu'à lui faire confiance).

Elle emploie des méthodes sournoises, lui dis-je, et je suis blessé de constater que je ne suis pas partie prenante dans ses projets (sous prétexte que je n'ai pas d'intuition). Je ne m'arrête pas là, et ma blessure laisse rapidement place à ma colère. Je la préviens que je peux aussi, du jour au lendemain, la laisser en plan et repartir tout seul. J'enregistre non sans une certaine joie l'effet que produit cette annonce sur Marianne. Elle recule d'un pas. Surprise par mon emportement. Là, elle me tend une brochure d'information émanant de l'office du tourisme locale. Elle me montre l'éventail d'activités à faire dans le coin qui s'offrent à nous. Lesquelles se résument, grosso modo, à pas grand-chose. Parce que j'ai peut-être l'air d'un type qui va à la chasse ? je demande. Elle traîne un peu avant de répondre. Pour ce qu'elle en sait, elle, répond-elle. Mais c'est vrai qu'à la réflexion, elle n'a pas vu beaucoup de chasseurs.

164) Je pars faire une balade en forêt. J'évolue dans une forêt de feuillus sans feuilles. J'aperçois ce qui ressemble, avec un peu de bonne volonté, à un cerf. J'avise aussi des oiseaux. Je pense positivement. Et, quand je rentre, j'informe Marianne que j'ai fait une promenade sensationnelle.

165) Marianne s'étant endormie de bonne heure, je vais marcher un peu. Au retour, je m'assois à côté du propriétaire de l'auberge. Nous regardons du bobsleigh à la télé. Il nous sert un verre et est persuadé que je suis allemand. Je n'ai pas l'occasion de lui expliquer que je ne le suis pas (notamment à cause des problèmes de langue, mais aussi parce que je ne souhaite pas le décevoir). Il parle à tort et à travers, me certifie qu'il trouve que l'allemand est une langue difficile. Je finis par aller me coucher et ne me réveille pas avant le lendemain matin.

166) Marianne me raconte qu'elle n'allait pas bien du tout la veille au soir. Je lui dis que je croyais qu'elle dormait. Mais non, je me trompais. Elle s'est réveillée et elle a pleuré longtemps. En pensant à son père puis en se faisant la réflexion que c'est vraiment bête d'être adulte. Elle me fait de la peine. Je lui signifie que je comprends ce qu'elle ressent. Je veux la réconforter. Mais c'était hier qu'il fallait la réconforter, lâche-t-elle. Maintenant, elle n'en a plus besoin, de mon réconfort. C'était hier que j'aurais dû la comprendre.

167) Le propriétaire capte enfin que nous sommes norvégiens. Il déborde de sympathie pour les Norvégiens, affirme-t-il. Oh, c'est ballot qu'il ne l'ait pas compris plus tôt. Qui plus est, il parle bien anglais. Car sinon, il aurait parlé anglais à la première seconde, affirme-t-il aussi. Mais il n'a pas voulu prendre le risque. Il est trop délicat (les Allemands parlent généralement un anglais épouvantable, d'après lui, et il n'a pas voulu nous blesser en narguant notre mauvais anglais). Le motif de cette méprise provient du français que parle Marianne, aussi pitoyable que celui de la plupart des Allemands, explique le propriétaire. Mais l'affaire est dorénavant classée, et nous voilà à boire du thé avec lui, nous qui sommes désormais les meilleurs amis du monde.

Conviés à sa table, nous devons parler de la Norvège, de la mer, et il n'est pas une chose de notre pays que le propriétaire n'ignore pas (est-ce vrai, au fait, que les filles, là-bas, sont si libérées ? et comment cela se passe-t-il, en réalité, quand on possède des élans ?). Sur ce, il nous apprend qu'un colonel suédois et asthmatique habite non loin de l'auberge. Si nous le souhaitons, nous pouvons parfaitement emprunter sa voiture, la sienne, au propriétaire donc. Il promet de passer un petit coup de fil au colonel à la première occasion, oui, tiens d'ailleurs, il va l'appeler sans plus attendre, zou. Nous l'entendons composer un numéro puis parler et rigoler dans le combiné. Il ne fait pas de doute que nos deux bonshommes sont de bons copains.

Marianne me lance un regard interrogateur. Est-ce que ça me tente d'aller rendre visite à ce colonel ? Oh, tu sais, peu me chaut, moi, hein, dis-je. Marianne considère que ce serait faire preuve d'impolitesse que de décliner la proposition après tout le branle-bas déclenché par le propriétaire. Et où s'arrête la politesse ? je m'interroge.

168) Je baisse la vitre pour cracher la fumée de ma cigarette. Marianne conduit. Cinquante kilomètres, nous a expliqué le propriétaire. Le fond de l'air est chaud, nous apercevons des nuées d'oiseaux. Ce genre de volatiles qu'il est permis de dégommer à la carabine. Sauf que nous n'en avons pas. Ce serait juste histoire de voir. Mais ce serait aussi un peu méchant. Marianne penserait sûrement de la carabine qu'elle est un engin brutal. L'arme aurait quand même pu patienter sagement à l'arrière et m'aurait donné des airs de brute épaisse sans que j'aie besoin de la toucher. Je l'aurais montrée au colonel, ce qui m'aurait apporté ma petite heure de gloire, fastoche, les mains dans les poches. Nous aurions pu parler chasse et tomber d'accord sur tout. Mais bon. Nous n'avons pas de carabine, alors... Je crache la fumée de ma cigarette par la fenêtre.

Nous convenons tous les deux que nous connaissons des hauts et des bas, niveau humeur. Je demande à Marianne si elle est un peu plus amoureuse de moi. Elle répond que c'est bien possible, mais que ce n'est pas évident de répondre avec précision. Ce sur quoi nous embrayons sur les filles et les garçons avec qui nous sommes sortis. Marianne est un peu réticente à s'étendre sur le sujet. Je me vois forcé de lui tirer les vers du nez. C'était pareil la dernière fois qu'elle était amoureuse ? C'était aussi sensationnel qu'aujourd'hui ? Elle dit que ce n'est pas facile à dire. Et, pour gagner du temps, elle me sort sa tirade comme quoi tout le monde est différent, et ainsi de suite et bla bla bla. Je dis que oui oui, que je sais. Puis je lui demande si elle riait autant avec son dernier amant. C'est quoi le rire, au fond ? s'interroge-t-elle.

Mais tout bien considéré, j'insiste – et, des deux mains, je mesure une distance équivalente à trente centimètres environ d'une paume à l'autre. Si ceci correspond au niveau de bien-être que tu éprouves avec moi, comment évaluerais-tu le bien-être que tu éprouvais avec le précédent ? Ceci posé, je garde mes mains dans la même position (comme quand on évoque un poisson qu'on a pêché un jour). Elle réfléchit. Oh, comme ça, grosso modo, fait-elle en me montrant avec ses mains. Je me penche vers elle pour jauger, mais elle les retire au même moment et reprend le volant. Il est quasi impossible d'affirmer si la distance qu'elle a esquissée était plus grande ou plus petite que celle que j'ai formée. Autrement dit, dis-je, ça se passait un poil mieux avec le précédent qu'avec moi ? Au lieu de répondre à cette question, Marianne me demande si j'ai peur de ne pas recevoir tout l'amour dont j'ai besoin. Je confirme que peut-être, oui. Du coup, elle me lance que je réagis comme un petit enfant. Et si je l'étais vraiment ? je réplique.

169) Nous gravissons une allée rectiligne. En haut d'une longue côte se dresse une vieille gentilhommière aux allures de château. Avec des murs blancs et impeccablement lisses. Elle semble étonnamment grande

quand nous nous rapprochons. Le jardin est parsemé d'arbres dont aucun n'a encore de feuilles à cette saison. S'il n'y a pas de fleurs non plus, l'herbe en revanche est d'un vert tendre quasi printanier. C'est donc ici qu'habite le colonel. Avec sa femme de vingt-cinq ans plus jeune que lui. C'est hallucinant, dit Marianne. Et je ne vois rien d'autre à faire sinon hocher la tête en signe d'assentiment.

170) Mais si, allons. Y a qu'à se dire tu et y a qu'à l'appeler Kalle. Mais oui, Kalle tout court. Tout le monde l'appelle Kalle tout court (faut pas croire qu'on est différents des autres, hein).

Kalle est un boute-en-train plein de gouaille et il apparaît que sa femme s'appelle aussi Marianne. Nous sommes unanimes à trouver amusant que les deux femmes portent le même prénom. La visite démarre sous de joyeux auspices à la faveur de cette seule coïncidence.

Et le voyage jusqu'ici, il s'est bien passé ? Oui, merci. Très bien.

171) Nous sommes invités à passer à table, ce qui donne l'occasion au colonel de nous confier que, quand on est aussi vieux que lui, les repas deviennent d'une importance capitale. Allez, n'ayons pas peur des mots : essentielle, même. Il ne déteste rien de plus que louper un repas. Et nous nous restaurons. Ce que c'est bath d'avoir quelqu'un à qui causer, concède le colonel. Ils ont rarement de la visite à cette période de l'année. L'été, il y a toute la smala qui débarque de Suède. Et

puis les amis aussi (faut pas qu'on croie qu'ils n'ont pas d'amis, hein). Quoique, c'est vrai que les visites se sont un chouïa réduites depuis qu'il s'est remarié. Mais de ce côté-là, ils sont servis, merci. Et donc on est en voyage à ce qu'il voit ? Je réponds que oui, que c'est juste. Le colonel me prie de parler un peu plus fort. Il a une oreille qui déconne (une quelconque membrane de merde qui refuse de se refermer depuis une petite intervention chirurgicale qu'il a eue il y a un couple d'années de ça. Elle se referme chez tout le monde, mais chez lui, peau de balle, la saligaude).

Si je chasse ? Je réponds que oui, que je me suis pas mal baladé dans la forêt à proximité de l'auberge (sans trouver aucun gibier qui mérite d'être chassé). Ah sûr, ça pullule de petits piafs merdiques dans le coin, confirme le colonel. Lui ne chasse plus (mais si on l'avait rencontré il y a quinze ans, là, il s'en passait de belles, hein. C'était encore la jeunesse, et vas-y qu'ils se poilent, qu'ils chassent et tout le toutim). À cette époque-là, il tirait sur tout ce qui bougeait. Les petites, comme les grosses bestioles. Mais aujourd'hui, avec sa vue qui part en couille, il ne voit plus le menu gibier, et pour le gros, que s'il se trouve pas trop loin. Dans ces conditions, ça vaut pas le coup. Non, c'est certain, et nous approuvons tous autant que nous sommes, ça vaut pas le coup.

Là-dessus, il embraye sur son asthme. Parce que c'est pas pour le réjouir, cette saloperie d'asthme. Sur ce, il empoigne sa fourchette, la pointe contre sa poitrine, comme s'il voulait tendre une menace à ses propres poumons. Si c'était pas ces foutues bronches, peste-t-il en prenant un ton plus qu'agressif. Sa Marianne lui demande de se calmer et lui ressert du vin. Mais on est tout de même mieux ici qu'en Suède, fait-elle observer. Le colonel reprend le fil de la conversation. Oui, mille fois mieux ici, et en plus, avec cet air si agréable, ces hivers si doux. Lui, raconte-t-il, il fait de la natation dans sa piscine chauffée. Il se maintient en forme. Il est dans une forme impeccable – et de se tapoter le ventre puis, étant donné que nos réactions tardent à se manifester, commente à notre place l'absence totale d'embonpoint de ce même ventre.

Ah oui ? fais-je. Vous avez une piscine ?

172) Le colonel et madame la colonelle se retirent après le repas, non sans nous assurer que tout est à notre entière disposition. J'emprunte un maillot de bain et une ceinture. Marianne s'installe dans un fauteuil confortable près du bassin. Se love dans une grande couverture noire. La piscine est flanquée d'une tour pourvue d'un plongeoir à trois hauteurs. Partant du principe que Marianne me croit au top de ma forme, ni une ni deux, je monte jusqu'au dernier niveau.

Marianne me dit que je suis un plongeur hors pair et je lui dis merci. Du coup, je plonge derechef, encore et encore, en faisant des trucs et des machins dans les airs que Marianne trouve renversants. Elle s'amuse de moi et il me plaît de songer que c'est moi (et aucun autre) qui la divertis autant. Comme je semble avoir du mal à comprendre que je deviens lassant et qu'il s'agirait d'arrêter, c'est Marianne qui doit finalement s'en charger, et donc elle m'avise qu'il s'agirait peut-être bientôt d'arrêter. Elle procède avec tact. En déguisant son avertissement par un conseil censé m'éviter de m'enrhumer (je ne trouve pas qu'il commence à faire froid ?).

L'art, je me dis, consiste à s'arrêter tout seul, avant qu'elle signale qu'elle n'en peut plus. Voire, pendant qu'elle a encore envie de me voir plonger une seule et dernière fois. La prochaine fois, c'est ce que je ferai. Je la laisserai en plan avec une moue d'insatisfaction de ne pas me voir plonger de nouveau, avec la sensation chevillée au corps que ces acrobaties auraient pu continuer. Mais bon, j'en resterai là pour aujourd'hui.

Je viens m'asseoir dans l'herbe, au pied de son fauteuil. Elle m'a enveloppé dans une serviette ample qui représente également un drapeau suédois. Elle plonge ses doigts dans mes cheveux qu'elle enroule en frisottis, puis qu'elle déroule après. Nous regardons le temps qu'il fait. Un temps splendide.

173) Les deux Marianne discutent ensemble. Elles se promènent dans le jardin, un grand châle chacune, posé sur leurs épaules. Je me demande de quoi elles peuvent bien parler. Elles plongent la tête en même temps, à croire qu'elles complotent. Je suis épaté par la vitesse à laquelle les femmes se trouvent.

De mon côté, je bois des verres en compagnie du colonel. Entre hommes. Je me fais la réflexion que ça n'a visiblement rien à voir. Je réponds civilement à ses questions. Nous ne plongeons pas la tête en même temps, nous ne complotons pas, nous ne parlotons pas d'accessoires érotiques. Marianne et moi sommes en vacances, je l'informe. Non, nous ne sommes pas en voyage d'affaires. Par pur plaisir, autrement dit ? dit le colonel en secouant la table comme pour exprimer de nombreux sous-entendus. Plus tard, il réitérera d'autres gestes semblables. J'opine, comprenant qu'il serait plus approprié, en cet instant, de ménager un rire bref et sonore. Je ne parviens pas à me résoudre à l'appeler Kalle. Ni Kalle ni Kalle tout court ni rien, je ne l'appelle pas.

174) Le colonel et madame la colonelle nous demandent s'il nous plairait de passer la nuit chez eux (comme ça, nous aurons toute la soirée devant nous). Ils s'accordent à penser que ce serait sympathique (et on pourrait picoler un peu, souligne le colonel). Allez, quoi, pour une fois, on peut bien boire un petit coup et conduire après (c'est ce que tous les gens font ici, soutiennent-ils). Nous voulons bien rester, volontiers, répondons-nous non sans une pointe d'hésitation à cause, aussi, du propriétaire qui a peut-être besoin de sa voiture. Le colonel décroche son téléphone et règle l'affaire en cinq sec : nous pouvons garder la voiture quelques jours encore. Oh ben alors, on reste, hein, claironnons-nous en chœur.

Nous demeurons attablés pendant de longues heures. La soirée se passe à manger. Les mets défilent et s'enfilent. Servis sur des plats minuscules. D'une grande délicatesse. Le colonel déclare qu'il attache une grande importance à la bouffe. Puis nous bavardons, quelques phrases sur la Norvège, quelques autres sur la Suède, et beaucoup d'autres encore sur ces choses que personne n'ignore, ni en un mot ni en cent. Les traditions de Noël. La Marianne du colonel est intarissable à propos des traditions de Noël. Tout est si différent ici, dit-elle. Oui, c'est sûrement pas pareil, dis-je, et Marianne évite de demander pourquoi il faudrait nécessairement que ce soit pareil. Le colonel dit quant à lui que la Suède est un pays de merde où il ne retournera jamais de sa vie. Il va même jusqu'à nous plaindre sous prétexte que nous ne pouvons pas prendre nos quartiers dans la région et y vivre à demeure. Ma Marianne prend la parole pour avouer qu'elle aimerait bien habiter ailleurs qu'en Norvège, mais le colonel feint de ne pas l'avoir entendue. Au lieu de quoi, il fait chercher une autre bouteille de vin, sans omettre de nous prier de rappeler à son bon souvenir qu'il doit nous montrer sa cave avant que nous repartions. À un moment donné, la Marianne du colonel me lance un regard ardent, et je ne peux m'empêcher de m'interroger sur ce qui peut pousser une belle femme comme elle à épouser un homme comme le colonel. Pour autant que je sache, et si ça se trouve, elle aussi fait de l'asthme.

175) Nous dégustons un vin plus âgé que nous. L'impression est étrange. Le colonel nous invite à boire sans compter, d'autres bouteilles attendant gentiment d'être vidées à leur tour. Assis sur ma chaise, je me réjouis intérieurement à l'idée de dormir dans cette belle et vieille demeure. Nous allons à coup sûr nous voir gratifiés d'une chambre magnifique, d'où nous nous réveillerons demain en faisant, qui sait, l'amour. Je frémis tout autant d'impatience de piquer quelques têtes dans la piscine avant le petit déjeuner.

Le colonel me demande à brûle-pourpoint si je serais

tenté par une petite partie d'échecs. Je dis non, mais pas assez fort, et voilà le plateau sur la table qui déjà se profile sous mon nez. Le colonel me propose un cigare puis me laisse choisir la couleur. Je prends les blancs. Au bout de quelques minutes, il me fait comprendre qu'il attend que je déplace une pièce. Il me prévient que, si ça ne tient qu'à lui, la partie peut bien s'éterniser, il n'a rien contre, mais que le premier coup pourrait tout de même avoir lieu dans un proche immédiat. Il me soupçonne d'être un petit filou des échecs, voire, nuance-t-il, un vieux renard. Les types de ma trempe, il les connaît, sans manquer néanmoins de glisser un sous-entendu selon lequel il n'exclut pas de sortir un des multiples tours qu'il a dans son sac et qu'il garde en réserve. Nous nous concentrons.

La discussion entre les deux Marianne me parvient en fond sonore. Elles écoutent de la musique classique qu'elles trouvent toutes deux absolument délicieuse. Je déplace mes pièces au petit bonheur la chance. Sans aucun plan derrière la tête ni aucune réflexion dans cette même tête, et sans égards pour les coups du colonel. Au début, il ne fait pas de commentaires. Ne sachant pas si je suis un petit génie ou un pur bluffeur (on ne sait jamais, hein). Malgré tout, il ne tarde pas à reconnaître qu'il joue contre un abruti de première. Il me teste à plusieurs reprises (sans que je m'en rende compte). Et, en deux temps trois mouvements, il me met échec, puis échec et mat. S'il n'est pas là à fanfaronner, il subodore toutefois la catastrophe que ç'aurait été s'il avait eu le malheur de perdre. Nous nous souhaitons une bonne nuit.

176) Marianne ne monte pas se coucher en même temps que moi. Elle préfère rester discuter avec la Marianne du colonel. Je suis un peu jaloux, mais pas assez pour ne pas dormir rapidement du sommeil du juste. Avant de glisser dans les bras de Morphée, je me dis que demain, je me lèverai bien avant elle, que je ne serai pas à ses côtés quand elle se réveillera et voudra me raconter ses rêves. Et toc, ce sera bien fait pour elle. Je conçois la mesquinerie d'une telle préméditation mais, juste avant de m'endormir pour de bon, je note au passage qu'elle ne m'inquiète pas plus que ça.

177) Et je me lève effectivement dès potron-minet. D'un pas guilleret, je descends l'escalier et sors. La vision du colonel me stupéfait. Je le vois sur la pelouse, vêtu de son seul pyjama. Il pratique quelques exercices. Il dégage quelque chose d'oriental. Peut-être qu'il n'est pas aussi flingué que je le croyais. J'enfile le maillot de bain puis je sers la ceinture. Je pique plusieurs têtes du haut du dernier plongeoir. Le plaisir est incomparable. Je nage dans l'eau chaude. Y reste longtemps. Redoute de quitter le milieu aquatique. L'air est froid et brumeux, le paysage porte tout entier l'empreinte de l'aurore.

Le colonel s'approche de moi. Il a terminé son petit programme. Il me dit que je suis un plongeur hors pair. Je lui dis merci. Il répète que, décidément, j'aurais dû venir il y a quinze ans. Quand je lui détaille ce qu'était ma vie quinze ans plus tôt, il écarquille les yeux et me demande si, vraiment, je ne suis pas plus vieux que ce que j'indique. Oh ben dans ce cas, tout va bien pour moi, affirme-t-il. J'ai toute la vie devant moi, affirme-t-il également. Mais lui aussi il l'a eue, dis-je. Oui il l'a eue, dit-il. Mais plus maintenant. Eh non. Mais bon. Et nous secouons la tête, de conserve.

Je lui demande s'il n'aurait pas, par hasard, une paire de lunettes de piscine à me prêter. Non, il n'en a pas. Hélas, dit-il. Bah, dis-je, ce n'est pas plus grave que ça. Puis je lui explique que les miennes sont restées dans la valise qui elle-même est restée à l'auberge. Puisque je ne pouvais pas être au courant que le colonel possédait une piscine. Non, je ne le pouvais pas.

Quelle chienlit, fait le colonel. Il se tient debout près de la piscine et moi tout autant à la verticale dans le bassin. Je pose mes coudes sur le bord en marbre, à quelques centimètres de ses jambes, et lui demande ce qu'est cette chienlit. Il ne répond pas immédiatement. Cherche ses mots. Un peu décontenancé. Puis il ouvre la bouche. Pour dire que les hommes, dans le meilleur des cas, vivent soixante-dix, allez, quatre-vingts ans. J'acquiesce. Il poursuit. Nous naissons, apprenons tout ce qui nous est nécessaire, et nous l'utilisons pendant une petite période. Nous sommes sages, nous grandissons, devenons adultes, puis vieux. Et pile au moment où nous commençons à comprendre de quoi il retourne… (il écarte les bras), oui, pile à ce moment-là, on n'a plus l'occasion de l'utiliser. Lui comme moi gardons le silence.

Il suffit de prendre l'amour, tiens, reprend-il (et moi de hocher la tête avec enthousiasme, persuadé un instant que je vais pouvoir tirer profit de soixante-dix années d'expérience, là, devant le bord d'une piscine, aux aurores, dans la brume). Ce n'est que ces toutes dernières années qu'il a commencé à piger deux ou trois trucs sur l'amour. Piger quoi ? Mais il ne répond pas. Puis il me sort qu'il a compris que deux et deux font quatre, mais que, si je lui repose la question dans un an, si ça se trouve, il ne sera même plus là pour y répondre.

La chienlit, c'est ça, voilà, dit-il. Une putain de saloperie de chienlit.

178) Le colonel dit que cette pensée lui est venue il n'y a pas longtemps. Il est scandalisé. Par la brutalité ambiante. Non qu'il ait une quelconque culture religieuse (il me jette un regard oblique comme pour s'excuser). Je ne m'attends pas à des merveilles, dit-il. À propos de quoi ? je demande. Quand je disparaîtrai, répond-il. Mais de là à croire qu'il va droit vers les ténèbres, vers le néant, non, ça, il a du mal. Je hoche la tête en signe d'approbation. D'un autre côté, ajoute-t-il, ça n'a pas besoin non plus d'être paradisiaque. Il serait relativement satisfait d'une solution médiane, qui soit ne serait-ce qu'un peu mieux que les ténèbres et le néant. Ce serait quoi, alors ? Il l'ignore. Pourvu que ce soit, dit-il. Un rai de lumière, un son intermittent. Il ne sait pas. N'importe quoi au fond. Pas forcément des merveilles, donc. Une bricole, quoi.

J'ai un instant l'intention de lui suggérer de ne pas prendre les choses autant au sérieux, lui dire que ça finira bien par s'arranger, mais je m'abstiens. Il y a des limites.

179) Le colonel remonte vers la maison. Je pense au matin, si différent du soir ou de la nuit. Même nous, on est différents. Toujours un peu plus seuls, le matin. Dans l'air froid et humide. On boit du vin, du cognac, on joue aux échecs, on écoute de la musique dont on dit qu'elle est absolument délicieuse. La nuit, on dort ou on fait l'amour. Mais le matin, juste avant le petit déjeuner, là, on est seuls. Complètement seuls.

Le colonel grimpe l'escalier qui le mène vers la maison. Ému, je le regarde. Dans son pyjama blanc. Il avance à petits pas. Arrivé en haut des marches, il se retourne. Attendant peut-être un dernier plongeon. Que je lui offre.

180) Je prends une douche, m'habille, puis je pars faire un grand tour dans la propriété. Elle est splendide. Des ruisseaux, des feuillus sans feuilles. Je m'enfonce plus loin. Je débouche sur un pavillon en ruine jouxtant une digue. Il y a aussi un plongeoir, sauf que l'eau est nettement plus froide. Peut-être aussi froide que la température de l'air. Je m'immobilise, lance des pierres dans l'eau, parviens à les faire ricocher. J'arrive même à faire onze ricochets. Du coup, j'entreprends de trouver des pierres plates et ovales, que je lance de manière à ce qu'elles n'émettent aucun bruit, ni floc ni plouf ni rien. Ce n'est pas évident. Mais plus j'essaie et plus je réussis. Mon père m'a appris comment y arriver. Il appelait ça le jeu du ploc. Il disait, on va lancer des plocs. Il s'agit de lancer haut. Je me sens submergé par l'euphorie chaque fois que je réussis. Un bruit sourd résonne alors. Ploc. Comme quand on aplatit de la pâte à pain en la

frappant. Ou quand un javelot plonge dans un marais. C'est une expérience sonore vaguement excitante.

Je finis par rentrer. En l'absence de pierres adéquates.

181) Marianne est réveillée quand j'entre dans la chambre. Assise les yeux fermés, elle essaie de se souvenir de ses rêves. Je lui dis qu'à mon avis, elle a vu trop de films d'Ingmar Bergman. Pourquoi tu dis ça ? demande-t-elle. Pour rien. Pour dire. Ça me paraît juste, c'est tout. Oui, c'est bien possible, admet-elle.

182) Puis vient le moment de la cave à vin. La Marianne du colonel la connaît à fond. Elle montre, explique. C'est une grande cave à vin. Dont certains sont en barriques. Nous avons la permission d'y goûter. Marianne et moi opinons : il est bon. Marianne, elle, développe son opinion. Qu'il est un peu comme ci et un peu comme ça (gai, consciencieux, entre autres adjectifs). Je me contente de dire qu'il est bon mais compense en le répétant à maintes reprises. Les deux Marianne dissertent longuement à propos du vin. Du coup, je force sur la dégustation. Dans une armoire fermée à clé, avec maintien à température, système ignifugé et tout le bastringue, sont entreposées des bouteilles que le colonel a achetées aux enchères pour des dizaines de milliers de couronnes. Je suggère avec circonspection que le colonel ne devrait peut-être pas trop attendre pour les boire.

183) Marianne m'apprend qu'elle aimerait bien rester quelques jours de plus chez le colonel et madame la colonelle. Elle le dit d'un ton légèrement radical, qui

exclut toute alternative. Ce qui signifie ? Que ça signifie ça, répond-elle. Ni plus ni moins. Je lui demande si elle me veut à ses côtés. Elle me dit que je n'ai qu'à me débrouiller pour le savoir. Je ne lui cache pas, et je n'y arrive pas non plus d'ailleurs, que sa réponse me fait énormément de mal. Je lui demande alors si elle est blessée sous prétexte que je n'apprécie pas au même degré qu'elle son grand sens de l'intuition. De l'explication qu'elle me fournit, je comprends qu'elle a du mal à accepter que je n'adore pas cet endroit autant qu'elle. Pour elle, c'est le signe que nous sommes différents. Je lui demande aussi si elle préférerait que nous soyons d'accord sur tout, mais elle se garde bien de répondre à ma question.

Dans une volonté de demeurer concret, je lui demande enfin combien de temps elle compte rester. C'est un peu difficile à dire. Ça dépendra. Elle s'est tellement liée d'amitié avec la Marianne du colonel. Par conséquent, repartir dans l'immédiat est exclu. Je vais y réfléchir, dis-je. Mais je dis aussi qu'elle ne me donne ni la certitude ni l'assurance que je suis désiré. Elle hausse les épaules. Je l'invite à faire preuve de prudence. Ça se passe souvent comme ça avec les nouveaux amis qu'on vient de rencontrer : on sent instantanément qu'on n'a plus besoin de ses anciens amis. Elle doit prendre garde. Ce que tu me baragouines est complètement disproportionné, lâche-t-elle. Parce que, oui, quand même, elle sait mieux que quiconque les termes exacts de qu'elle a dit. Oui, en effet. Personne ne le sait mieux qu'elle.

184) Puis vient le soir, à nouveau. Le colonel ne me demande pas si je serais tenté par une petite partie d'échecs. Nous dînons, parlons de choses minuscules et ce soir encore, je fume un cigare. Après plusieurs verres de vin, le colonel révèle qu'il collectionne les étiquettes de camembert. Il en possède environ deux cents. Je feins d'être ébaubi cependant que Marianne l'est pour de vrai. Il va chercher un album d'où il ressort que chaque étiquette cache une histoire aussi longue que savoureuse. Nous avons le droit de les entendre toutes.

J'annonce que je vais repartir le lendemain. Partir ? s'étonne le colonel. Et où ? Je n'en sais rien. Mais je vais reprendre le train vers le nord. Ma Marianne échange un regard avec celle du colonel tandis que flotte dans l'air le sous-entendu selon lequel Marianne restera, elle, encore un peu. Le colonel est bien trop respectueux pour nous questionner sur les raisons qui nous poussent à nous séparer. Je ne fournis aucune explication et me rabats sur l'excellent vin du colonel, que je bois en grandes quantités.

185) C'est la nuit. Marianne et moi sommes allongés l'un à côté de l'autre dans le noir. Je loue ma capacité à être assez courageux pour décider de partir. Je vais manquer à Marianne, me dis-je. Elle va bientôt regretter de s'être comportée de la sorte. Elle se verra forcée de réfléchir. Ses paroles ne peuvent pas demeurer indéfiniment sans conséquences, elles signifient quelque chose. Je veux lui rendre la monnaie de sa pièce.

Eh bien dans ce cas, je pars, dis-je à voix haute dans l'obscurité. Marianne ne répond pas. Soit elle dort, soit elle fait semblant. De toute manière, les deux hypothèses sont, au fond, aussi moches l'une que l'autre.

186) Marianne me conduit à la gare. Une accolade. Bon ben, à dans quelques semaines alors. Eh oui, c'est ce qui va se passer, hein. Allez, au revoir.

Je trouve ma place et le train repart. Je regarde par la fenêtre. Lis quelques pages d'un livre, grignote de temps à autre le pique-nique que la Marianne du colonel m'a préparé. Je ne vais pas merveilleusement bien.

187) Le train m'emporte. Loin. Je rêvasse. Marianne m'apparaît encore plus ravissante maintenant qu'elle ne se trouve plus à mes côtés. J'ai toutes les peines du monde à m'imaginer que d'autres filles puissent être aussi délicieuses qu'elle, et le côté absurde de tout ça ne me frappe pas un instant. Je regarde par la fenêtre et je suis las de l'existence. Je pense à peu de choses près que je suis tout disposé à rendre l'âme.

188) Pendant un trajet qui s'étire sur deux cents bons kilomètres, je jette les bases d'une expression protéiforme de la mélancolie.

189) Je descends du train dans une ville moyennement grande. Je prends une chambre dans un hôtel où j'engage la conversation avec un représentant de commerce finlandais. Un joyeux luron. Nous partageons notre repas puis deux parties de bowling au sous-sol de l'hôtel. J'oppose un non quand il me propose de l'accompagner faire la tournée des bars. C'est un non poli. Mais tout de même un non. Sur lequel il est impossible de se méprendre.

Je suis dans ma chambre. Assis sur une chaise devant la porte qui donne sur le balcon. De l'autre côté de la rue s'étend un parking. Je ne le quitte pas des yeux. Il fait noir partout. Il fait noir à l'intérieur parce que je l'ai décidé. Dehors, je n'ai aucune marge de manœuvre.

Je pense à Marianne allongée dans le lit à l'heure qu'il est, elle lit ou bien elle m'attend. Elle ne se trouve nullement à mes côtés. Je veux me ressaisir, ne plus penser à elle. Je dois pouvoir y arriver. Mais non. Je me demande si, au bout du compte, j'ai réussi à tomber raide dingue amoureux d'elle. Il s'est en tout cas passé quelque chose et cela m'inquiète bien plus que je daigne me l'avouer.

Je reste longtemps, là, assis sur ma chaise, devant la porte du balcon. La vie m'apparaît ardue et beaucoup trop longue.

190) Je me lève, prends un petit déjeuner, puis je me rassieds sur la chaise, devant la porte du balcon. C'est un balcon étroit. Je songe m'y installer dès qu'il fera un peu plus chaud, dans quelques heures peut-être.

Je suis encore une fois surpris d'avoir quitté Marianne. Je ne sais pas si c'est brutal ou tout bonnement stupide de ma part. Je sais simplement que c'est à couper le souffle.

J'appelle la réception pour demander une ligne extérieure. Je compose le numéro du colonel mais raccroche au bout de la deuxième sonnerie. J'ai surestimé mon courage. Il faut que je me prépare un peu mieux. Je retéléphonerai plus tard. Je vais laisser passer quelques jours. Plusieurs.

Il fait chaud. Assis sur le balcon, je fume des cigarettes dont je jette le mégot dans la rue. Brusquement, j'avise une fille sur le parking de l'autre côté de la rue. Nous sommes à la même hauteur et elle tente de se faire remarquer de moi. Elle gesticule. Je ne comprends pas ce qu'elle tente de me signifier. Je me lève, lui fais signe en retour. Elle recommence. Plus lentement, plus distinctement. Elle veut que je vienne la rejoindre. Elle a besoin de mon aide. Elle semble désemparée.

J'enfile une veste, prends l'ascenseur, traverse la rue. Content de pouvoir venir en aide à quelqu'un.

191) La roue avant gauche de sa voiture est crevée. Quelqu'un a planté un clou en plein dedans. Je secoue la tête, je dis *fucking hooligans*. Nous acquiesçons. Nous venons de trouver un ennemi commun qui nous a rapprochés en l'espace de quelques secondes. *Let me help you*, dis-je.

Elle s'appelle Mirlinda. Et il est impensable, n'est-ce pas, de récuser qu'il s'agit là d'un beau prénom. Et comment je m'appelle ? veut-elle savoir. Oh, moi, dis-je en songeant que mon prénom n'a guère d'importance du moment que le sien est Mirlinda.

Nous changeons la roue ensemble. Elle ne l'a jamais fait, ne sait pas comment fonctionne le cric. Je ne suis guère plus avancé qu'elle mais je feins de le savoir et finalement, tout se passe bien. Contre toute attente, presque. Nous faisons le tour du pâté de maisons pour vérifier que tout marche comme il se doit, ce qui se révèle être le cas. Mirlinda me remercie et me dit qu'elle a envie de m'inviter à dîner.

192) C'est le soir. Chez Mirlinda. Nous dînons, la nourriture est délicieuse. Nous échangeons des regards réguliers. Quand Mirlinda me demande si j'ai une petite

copine, je ne sais pas quoi répondre. Je songe qu'elle risque d'être déçue si je dis oui. Anticipant, elle raconte qu'elle vit avec un homme mais qu'il est absent actuellement. J'ignore si elle fournit ces indications pour m'inciter à dévoiler un pan de mon existence. Je m'interroge, conclus que ça n'a pas d'importance et du coup, lui parle de Marianne. Je ne lésine sur rien. Mirlinda dit qu'elle trouve que Marianne a l'air super sympa, puis un silence se dépose entre nous tandis que nous coupons notre morceau de pain pour essuyer nos assiettes.

L'ambiance est plus légère une fois que nous avons bu plusieurs verres de vin et décliné notre état civil. Mirlinda met de la musique, je suis censé deviner ce que c'est et me plante en beauté. Mirlinda rit, dit : *no, it's not Schubert at all.*

Elle me questionne à propos de la Norvège. Qu'est-ce que nous mangeons là-bas ? Je dis que nous mangeons du poisson. J'ai l'intention de préciser quelles sortes de poissons je mange personnellement mais ne connais pas leur nom en anglais. Comme il apparaît que Mirlinda connaît toute une ribambelle de noms de poissons anglais, je lui en fais réciter certains. Non, pas celui-là, dis-je, pas celui-là non plus, non non non, celui-là non plus. Je me rends compte que je prends un plaisir non dissimulé à regarder Mirlinda et à la voir se souvenir de tous ces mots. Nous finissons par consulter un ouvrage sur les poissons. Mirlinda le feuillette rapidement tandis que je regarde par-dessus son épaule. Soudain, je reconnais le poisson que j'ai en tête et le montre du doigt. Voilà, c'est celui-là, dis-je. C'est des comme ça que je mange. Je le fais bouillir (dans de l'eau salée) et je le sers avec des carottes et du beurre à l'ail. C'est de la morue. Elle hoche la tête, visiblement intéressée, puis m'indique le mot équivalent en français, que j'oublie aussi vite qu'elle l'a prononcé.

Mirlinda me dit que je peux tout à fait habiter chez elle pendant tout le temps où je suis en ville.

193) Je traîne dans son appartement pendant que Mirlinda est au travail. Je sors de temps à autre acheter du yaourt. De grandes bouteilles banches de yaourt à boire. Que je sirote en lisant des bandes dessinées en français. Mirlinda m'a sorti un dictionnaire français-anglais, tout excitée à l'idée que j'apprenne le français, ainsi qu'un dictionnaire encyclopédique. Elle rentre dans le courant de l'après-midi. Une fois la nuit tombée, nous nous préparons à dîner, puis nous le mangeons. Lorsqu'elle me demande si j'ai appris quelque chose aujourd'hui, je réponds que oui.

194) Un jour, je me réveille en prononçant le mot *meander*. Je trouve ce mot magnifique. Je ne l'avais plus entendu depuis l'école et voilà qu'il est revenu et qu'il bourdonne dans ma tête toute la journée. *Meander*. Je ne cesse de me le répéter à moi-même en composant de petits rythmes qui vont avec. *Meander*. Je chante en tambourinant sur le chauffage central. *Meander*. Au retour de Mirlinda, je lui parle du mot dont je me suis souvenu. Elle est ravie pour moi. Il se révèle même que le terme norvégien, *meander*, signifie méandre en français. Mirlinda se dit d'accord pour trouver qu'il s'agit d'un mot délicieux en bouche. Nous prenons le vélo de

Mirlinda et circulons le long d'une petite rivière. Juché sur le porte-bagages, je suis jeune comme je ne l'ai sans doute jamais été. Nous rions, discutons de choses que nous n'aurons pas besoin de nous rappeler. Mirlinda se tourne vers moi, sourit, et je prends conscience qu'elle est aussi jeune que moi. Nous finissons par trouver un méandre et Mirlinda prend une photo de moi, devant le méandre en question. C'est une bonne journée. Peut-être une des meilleures.

195) Je retéléphone au colonel et à madame la colonelle. Je parle avec Marianne. Comment ça va ? Ça va bien, dit-elle avant de me retourner la question. Ça va pas mal, dis-je (et j'espère qu'elle remarque la nuance entre bien et pas mal, et que ça lui donnera du grain à moudre). Mis à part ça, nous n'avons pas grand-chose à nous dire. Et aujourd'hui encore, nous disons que nous nous reverrons bientôt.

J'essaie de lui tirer les vers du nez pour savoir quand elle rentrera à la maison, mais elle refuse d'en parler. J'aurais bien aimé savoir. Il s'agit manifestement de ne pas arriver le premier. Celui qui se fera attendre, qui se laissera désirer, aura gagné.

196) Un soir, Mirlinda me prend dans ses bras. Surpris, je me laisse embrasser. Après, Mirlinda regrette. Elle dit que nous devons prétendre que ça n'a jamais eu lieu. Et donc pendant un long moment, nous faisons tous deux semblant. Sauf que ça a réellement eu lieu. Plus tard dans la soirée, incapable de dormir, je pense à Marianne, longuement.

197) Et je finis par annoncer à Mirlinda que je vais repartir. Elle pleure, me demande si je ne suis pas bien chez elle. Elle dit que je dois revenir. Je reviendrai, dis-je. Puis elle ajoute qu'elle veut m'enfermer dans sa cave, pour m'empêcher de m'enfuir. Elle me veut là auprès d'elle, elle veut se ravir de ma présence, elle m'assure qu'elle viendra me voir tous les jours. Elle me demande si je ne crois pas que ce sera bien. Je réponds que tout dépend vraiment de sa cave.

198) Je suis dans le train. Il fait froid et brumeux. Le soleil forme un cercle parfaitement concentrique, si rouge et si pâle que je peux le fixer sans avoir mal aux yeux. Le train dépasse des moutons occupés à brouter alors que nous sommes pourtant au creux de l'hiver.

199) De temps à autre, je change de train. Je m'achète de la nourriture que je mange. Je me rase dans certaines gares. Je rencontre peu de voyageurs dans les trains que j'emprunte. Je reste pour ainsi dire seul dans des wagons spacieux. À de rares occasions, des gens estiment devoir échanger quelques mots. Ils pensent très certainement qu'une petite conversation ne gâche rien. Sur un ferry, j'achète des cigarettes pas chères que je fume en espérant que Marianne soit arrivée à la maison avant moi.

200) Je déverrouille la porte de l'appartement. Voilà, je suis à la maison. Je ne tarde pas à comprendre que j'ai perdu. En moins de temps qu'il faut pour le dire, je suis réduit à l'état de personne contrainte à attendre. Je

décide néanmoins d'être patient. De ne pas trop penser à Marianne. De la laisser rentrer quand bon lui semblera. Puisque elle décide seule, me dis-je. Marianne décide seule.

Troisième partie

201) Marianne et moi avions fait un long voyage. Et maintenant, j'étais rentré à la maison. Mais pas Marianne. J'ai été terrassé par un flegme aux dimensions tentaculaires, au point de passer plusieurs jours d'affilée assis à la table de la cuisine, en attendant qu'il se passe quelque chose. Or il ne se passait rien. La boîte aux lettres était vide, j'avais faim, et je n'avais même pas la force de sortir les affaires de mon sac à dos.

J'ai fini néanmoins par déballer mon tableau que j'ai accroché sur le mur en face du lit. J'avais envie de pouvoir le contempler en position allongée. Chaque jour, je l'examinais à de nombreuses reprises et, durant une période, l'homme tronc de couleur bleue en est venu à accaparer les tout aussi nombreuses strates de ma conscience visuelle.

202) À l'extérieur, je donnais l'impression de poursuivre des occupations diamétralement opposées à celle qui m'animait en réalité : attendre Marianne. Je cherchais un travail, sans conviction, j'empruntais à la bibliothèque des livres que je ne lisais pas, je me douchais deux fois par jour en faisant semblant de ne pas être affecté par la boîte aux lettres qui, jour après jour, demeurait désespérément vide.

Mais j'étais rentré à la maison. Et Marianne n'y était

pas. Aucun doute ne planait sur cet état de fait. Je nouais une relation de grande confiance avec le plan de travail de ma cuisine ainsi qu'avec mon environnement immédiat. À mes parents, j'avais signifié que j'étais très occupé à chercher un job. Alors qu'au fond, je passais mon temps à attendre. Et à rien d'autre.

203) Un jour où j'étais sorti acheter de quoi manger, j'ai croisé un vieux parent. Un demi-frère, plus jeune, de mon grand-père paternel. Je lui ai avoué que jamais je n'aurais cru qu'il lui serait donné de franchir la barre des soixante-dix ans, et Roland (puisque tel se prénommait-il) a rayonné à la seconde où je l'ai invité à dîner.

Roland aimait tellement mon tableau que j'ai culpabilisé un instant qu'il soit à moi et non à lui. Il était pourtant à moi et à moi seul et je voulais qu'il continue à l'être, aussi ai-je décidé de ne pas me laisser rudoyer par de tels sentiments autodestructeurs.

Une jolie lueur crépitait dans les yeux âgés de Roland. Il m'a raconté de petites anecdotes datant de ses jeunes et glorieuses années et il a été gêné de découvrir qu'il avait quasiment monopolisé la parole. Mais je t'en prie, ai-je dit.

Roland s'enquérant de ma relation avec les filles, j'ai mentionné le prénom de Marianne sans pour autant entrer dans les détails. Il trouvait qu'elle avait l'air rudement mignonne. Il voulait en entendre davantage. Elle avait débarqué, tout bonnement, racontais-je. Et un beau jour, voilà, nous vivions ensemble. Roland a secoué la tête en disant qu'il était fascinant de penser que les hommes et les femmes s'étaient toujours trouvés. Personne ne vit la même chose, a-t-il dit également. Quand je lui ai demandé si ma rencontre avec Marianne lui semblait plus étrange que d'autres exemples équivalents, Roland a répondu par la négative : en aucune façon, a-t-il affirmé. Et j'ai soudain pris conscience qu'il n'y avait peut-être rien de particulier dans notre relation, à Marianne et moi. J'avais pourtant peine à le croire.

Les hommes et les femmes ont besoin les uns des autres, a poursuivi Roland – et de parler des animaux, des oiseaux, de la vieille société paysanne et j'en passe. Il ne fallait pas que je croie que j'allais pouvoir m'en sortir seul. Mais je ne l'ai jamais cru non plus, ai-je corrigé.

C'est une question d'équilibre, insistait Roland. Apprendre à se connaître, montrer à l'autre sa vraie personnalité. Et il a ajouté que je devais surtout veiller à ce que mon histoire n'ait jamais trait à quiconque sinon moi et moi seul. Après quoi il a pris sa gabardine et il est reparti chez lui. Le vieil homme.

Une fois seul, j'étais ému.

204) Et puis j'ai reçu une carte de Marianne. Il était écrit qu'elle avait la pêche. Que la Marianne du colonel était vraiment une personne formidable et qu'elles étaient devenues des amies intimes. Elles étaient parties en balade toutes les deux, avaient vu des ruines de châteaux, avaient partagé le même lit dans une pension. Elles avaient beaucoup ri, était-il aussi écrit.

Après l'épisode parisien, j'étais devenu perplexe dès qu'il s'agissait de Marianne et des cartes postales. Toujours est-il qu'elle avait pensé à moi. Et quoi qu'il en soit, la carte laissait sous-entendre qu'elle allait bien. Peut-être trop bien. J'ai compris qu'elle était encore capable de rentrer sans la moindre arrière-pensée.

205) Monsieur Slind-Hanssen a appelé. Il voulait parler à sa fille. Je lui ai demandé s'il n'était pas au courant que nous étions partis en voyage. Non, il ne l'était pas. Je lui ai expliqué que Marianne poursuivait son voyage mais qu'elle n'allait certainement pas tarder à rentrer. Là, monsieur Slind-Hanssen a gloussé et est parti du principe que nous nous étions engueulés et que Marianne ne voulait plus m'avoir dans les pattes. Elle se réveille enfin, a-t-il raillé. Ce sur quoi je lui ai dit que je trouvais qu'il était un individu d'une inquiétante méchanceté, ce qu'il n'a pas nié. Se contentant d'un au revoir, il a raccroché.

206) Et vraiment : Marianne est revenue sans la moindre arrière-pensée. Refusant d'y croire dans un premier temps, je n'ai pas tardé à comprendre qu'il s'agissait d'une réalité à laquelle je devais me conformer. Elle a défait son sac et posé ses valises dans le salon. Elle m'a pris par la taille et m'a dit que je lui avais manqué encore plus qu'elle n'en avait eu conscience. Elle m'a embrassé à maintes reprises. Un tel nombre de fois qu'au final j'ai dû céder, et lorsqu'elle m'a demandé pourquoi j'avais l'air aussi perplexe, j'ai répondu qu'il n'en était rien. Tout va bien, ai-je dit. Je suis surpris, c'est tout. Ce n'est rien.

Nous nous sommes couchés de bonne heure. Marianne était épuisée par le voyage et sa fatigue s'était répercutée sur moi. Nous avons fait l'amour et c'était bien en tous points. Marianne s'est endormie tandis que je suis resté éveillé dans le lit en me demandant s'il s'était produit une faille entre nous, si je n'avais pas été trop impulsif et donné à certaines situations des proportions démesurées alors qu'elles n'auraient jamais dû cesser de demeurer dérisoires.

Il ne se serait donc rien passé de grave ? m'étonnais-je. Tout irait donc pour le mieux depuis le départ ? Mais je ne savais quelles réponses apporter.

Si tout est comme avant, cela signifie par conséquent que la situation n'est pas dramatique, que tout va pour le mieux non seulement en ce moment mais depuis le départ. Dans le cas contraire, cela signifie alors que rien n'allait pour le mieux, ni en ce moment ni à aucun moment. Or, ne parvenant pas là non plus à trouver la moindre réponse, j'ai glissé dans un sommeil de plomb.

207) Marianne a appelé Nidar-Bergene pour lui raconter notre voyage qu'elle dépeignait comme harmonieux et sans la moindre anicroche. Du plaisir et de la bonne humeur tout du long. Pour ma part, je secouais la tête en silence, mais je ne crois pas que Marianne l'ait remarqué.

Nidar-Bergene a voulu savoir si le cristal avait été du voyage (Marianne s'est tournée vers moi afin de me transmettre la question). Je l'ai priée de dire oui, qu'il nous avait accompagnés et nous avait rendu de fiers services. Nidar-Bergene était ravie de l'entendre.

208) J'ai repris mon habitude d'aller à la piscine. Cela me faisait du bien. Un jour, je suis tombé sur Glenn. Son coup de coude dans le dos au moment où j'entrais dans le sauna était reconnaissable entre mille. Mon vieil ami, s'est-il exclamé – et de me remercier pour le prospectus en forme de carte postale, non sans me demander si je n'avais pas eu un peu les foies en haut de la Tour Eiffel. J'ai secoué la tête avant d'aller nager un kilomètre.

209) Halfred a découvert que nous étions rentrés. Il se tenait sur le palier quand lui est venue l'idée de sonner. Il arborait une mine optimiste. Content de nous revoir, mais pas moins fâché pour autant que nous ayons laissé crever ses plantes pendant son séjour en Suède. Me confondant en excuses, je me suis proposé de les remplacer. Mais ce n'était pas une question d'argent, insistait Halfred. Oui, je le comprenais bien.

Je nous ai servi du thé que Halfred a voulu boire sans miel. Je me suis enquis de sa formation suédoise, si elle avait été un succès ou quoi. Oui, un succès à tous égards, m'assurait Halfred. Il se sentait meilleur lamaneur à présent et j'ai vu qu'il était fier de lui. Il m'a finalement pardonné d'avoir oublié ses plantes. Nous en sommes venus tous deux à la conclusion que j'aurais pu oublier une flopée de choses pires que celle-ci. Halfred n'a pas caché sa surprise en apprenant que nous étions partis en voyage. C'était un acte spontané, non ? a-t-il dit. Ça l'était sans doute, oui, ai-je dit.

Marianne a montré le bout de son nez et demandé des nouvelles de l'équipe de curling de Halfred. Les nouvelles sont excellentes, merci. L'équipe de la coopérative des lamaneurs occupait la quatrième position au classement, et je ne pouvais guère que le féliciter en précisant que c'était une belle place. On pourrait jouer aux cartes, non ? a proposé Halfred. On pourrait jouer aux cartes, oui, ai-je confirmé.

210) Nous étions donc tous deux à la maison désormais. Marianne et moi. Nous n'étions en voyage ni l'un ni l'autre, et l'un n'attendait pas de carte postale de l'autre. Marianne étudiait intensément, et moi, je jetais des coups d'œil sporadiques sur les petites annonces de postes à pourvoir.

Est venu le printemps, puis quasiment l'été.

Marianne a passé son examen et nous avons bu le champagne. Santé, et bravo, Marianne, ai-je dit en la serrant dans mes bras. Santé à toi aussi, a-t-elle dit, gênée et contente à la fois. Et maintenant, tu es quoi ? ai-je voulu savoir. Elle a haussé les épaules. Il apparut qu'elle était devenue professeur.

211) Un jour, et sans préambule, Marianne m'a signifié que je dépassais les bornes. Il fallait que je me dégote un boulot, que ça ait lieu illico. Que je ne sois même pas encore en découvert à la banque n'arrangeait pas ma situation, selon elle. J'étais une personne sans imagination, pour qui le salariat était devenu un impératif. Elle m'a sorti ça abruptement. Sans manquer, après coup, de s'excuser, et non sans ajouter qu'elle ne voulait que mon bonheur.

J'ai demandé à Marianne si elle pouvait me couper les cheveux, ce contre quoi elle n'avait rien. J'ai très vite regretté. Tu n'aurais pas dû raccourcir autant la frange, ai-je protesté. Elle ricanait, me signalant qu'il fallait peut-être savoir ce que je voulais et que j'aurais dû être plus clair. Elle ne pouvait pas deviner à ma place la longueur de frange que je souhaitais avoir. D'accord, d'accord, mais en attendant, elle me l'avait faite trop courte et maintenant j'avais un air puéril. Ça n'avait aucune espèce d'importance, estimait-elle. La plupart des employeurs aiment engager des gens jeunes, estimait-elle également. J'ai souligné la différence entre puéril et jeune, ce dont Marianne se fichait comme de sa première chemise puisque, pour elle, c'était juste une expression.

Et je suis allé à un entretien d'embauche. En emportant toute ma paperasse. Je me suis pointé, débordant de fougue et de jeunesse. Je vois que vous êtes doué pour liquider les affaires courantes, m'a dit le chef. Sans s'étendre guère davantage sur le sujet ni sur un autre d'ailleurs. Je pouvais commencer le mercredi suivant. Nous avons signé le contrat et échangé une poignée de mains. J'avais retrouvé du travail. Ma mère était au bord des larmes dans le combiné. C'est vrai ? hoquetait-elle. C'était on ne peut plus vrai.

212) Et donc je travaillais à nouveau. J'aimais bien. Il y avait en fin de compte moins d'affaires courantes à liquider que je ne l'avais cru et, après quelques semaines seulement, on m'a assigné à des tâches de confiance. À la maison, Marianne écrivait des lettres de motivation. Qu'elle envoyait aux quatre coins du pays. Car elle aussi voulait trouver un travail.

On ne pourrait pas faire une randonnée à bicyclette ? a lancé Marianne. Si, on le pouvait en effet. J'ai sorti son vélo, que j'ai entrepris de nettoyer, de retaper, bref, de remettre en parfait état de marche. Marianne sortait à intervalles réguliers, me couvrait de bisous et disait que j'étais doué. C'était dingue tout ce que je savais faire de mes dix doigts, disait-elle aussi. J'étais gêné. Elle m'a demandé si elle pouvait m'aider en quoi que ce soit, et j'ai pris plaisir à pouvoir lui répondre que non, que je me débrouillais. Je l'ai invitée à remonter et à se délecter d'un bon bouquin. Et je l'ai appelée ma petite poulette.

Resserrant la chaîne, je sentais l'impact sur notre vie commune de la phrase prononcée par Marianne selon laquelle j'étais doué. Elle n'aurait pas pu réparer le vélo toute seule. J'étais tout à fait indispensable. Elle s'est penchée par la fenêtre pour me crier que je devais monter souffler un peu. Pas mécontent de secouer la tête et de m'abstenir de répondre, j'ai serré les freins comme il fallait. Puis j'ai reçu une brioche aux raisins secs (Marianne, penchée à la fenêtre, mettait un point d'honneur à souligner que je n'avais rien demandé à manger et que l'initiative lui revenait entièrement). Marianne, prévenante. Après avoir mangé la brioche, j'ai entrepris un petit essai sur route, en opérant un freinage brusque ainsi qu'un changement de vitesses, lequel s'est effectué sans le moindre couinement.

Ton vélo est un délice, Marianne, ai-je dit au moment d'aller nous coucher. Elle s'est penchée sur moi pour déposer un long baiser humide. Et le tien ? voulait-elle savoir. J'y jetterai un œil un autre jour, ai-je répondu (sur un ton d'où il ressortait clairement que, me concernant, ce n'était pas si grave). Mon esprit d'abnégation a semblé avoir un effet stimulateur sur Marianne, tant et si bien que nous avons fait l'amour. J'ignorais si j'avais volontairement adopté pareil ton de voix ou bien si ce dernier, le plus cyniquement du monde, profitait de contingences dont je ne comprenais moi-même pas l'ampleur. Un petit monstre d'excitation que ce ton de voix.

213) Juchés sur nos vélos, nous avons fait le tour d'un grand lac. Nous nous sommes baignés dans des courants chauds, seuls, et carrément à poil. Puis, là, des peintures rupestres. Désignant quelques traits, Marianne m'a demandé si je voyais qu'il s'agissait d'un élan. C'est tout sauf un élan, ai-je répondu. Et pourtant c'en était un. L'indication figurait même noir sur blanc sur un panneau d'information planté à côté. En voilà un élan qu'il est bizarre, ai-je fait remarquer. Marianne pointait que je devais prendre en considération qu'il avait sûrement été peint il y a très longtemps. Les élans étaient des élans à cette époque-là aussi, hein, arguais-je. Marianne, quant à elle, n'en était pas si convaincue (puisque, soit dit en passant, les artistes ont toujours fait à leur guise). Quelques mètres plus loin, un ours était peint. Il s'agissait bel et bien d'un ours, nous le voyions et le concédions tous deux. Pourquoi peindre des ours qui ressemblent à des ours, mais des élans qui ne ressemblent pas à des élans ? me demandais-je à haute voix – et j'escomptais que ma question allait enflammer l'ardeur de Marianne.

J'ai pris une photo d'elle devant les peintures rupestres. Elle portait un petit short en jean et rien en haut. Quand elle se retournait, j'apercevais le pli de la fesse, quand celle-ci se prolonge sur la hanche. J'ai pédalé quasi tout le temps derrière Marianne. Elle trouvait les randonnées à bicyclette épatantes et je n'étais pas celui qui ne lui donnait pas raison.

214) Après avoir posé nos vélos contre un arbre, nous avons allumé un feu de camp et monté la tente près du lac. J'ai pêché une truite et Marianne a eu du chagrin pour le ver de terre. Tout se passait dans la nature et dans l'ordre des choses. Nous avons fait griller le poisson sur les braises, puis nous l'avons mangé, tout en discutant de sujets sympathiques.

Après quoi, allongés dans la tente, nous avons regardé le lac. La nuit était très claire. Marianne a mis ses doigts dans mes cheveux dont elle tournait et retournait les mèches. J'ai eu beau lui demander d'arrêter, elle n'a pas cessé pour autant. Elle prétendait qu'il est tout à fait normal de s'adonner à ce genre d'occupation quand on est amoureux (c'est pile le genre d'occupation à laquelle on s'adonne). Donc ça signifie que tu es amoureuse de moi ? ai-je voulu savoir. Mais elle l'était depuis le début, assurait-elle, avais-je cru le contraire ? Tout allait donc pour le mieux entre nous ? poursuivais-je. Est-ce que nous nous aimons ? Ben oui, tu ne crois pas ? a demandé Marianne. Elle, en tout cas, partait du principe que oui. D'ailleurs ça me ressemblait bien, tiens, a-t-elle ajouté, moi qui étais si immature, d'avoir besoin de confirmations claires et précises de la pérennité des choses. Si nous nous contentions d'être ensemble et de ne pas trop penser, tout suivrait son cours, le plus simplement du monde, affirmait-elle. Et elle a continué de jouer avec mes mèches de cheveux jusqu'à ce qu'elle s'endorme. Cette discussion m'avait ragaillardi et mis de bonne humeur. J'ai laissé mon immaturité vivre sa vie et me suis abandonné à des fantasmes sur l'amour et l'harmonie.

215) Marianne a trouvé un travail à la périphérie. Sur une île. Pour un bon salaire, et pile dans les matières qu'elle voulait. Une petite école. De bons contacts avec les élèves. Un environnement limpide avec de la place pour tous. Marianne, l'idéaliste. J'ai voulu savoir si elle allait faire l'aller-retour tous les jours. Non, impossible, c'était trop loin. Mais elle tâcherait de rentrer à la maison dès qu'elle le pourrait. Les week-ends. Sûr, vraiment. Ne pouvait-elle pas trouver autre chose, plus près ? Impossible aussi. Elle devrait alors se coltiner les jobs les plus chiants. Dont personne ne voulait. Cette éventualité était hors de question, bien évidemment. Marianne, la fière. Marianne, qui décidait seule. Qui savait ce qu'elle voulait.

Il n'y avait aucune inquiétude à avoir, certifiait-elle. Une relation est basée sur une franchise mutuelle. Une relation n'a pas à redouter un peu de distance. Bien au contraire, certifiait-elle également. Et elle s'est empressée de dépeindre des images angéliques de notre avenir. Je viendrais lui rendre visite, nous pourrions faire des balades sur la plage et être amants d'une manière inédite. Selon elle. M'octroyant une petite réflexion sur le sujet, je convenais finalement que ce pourrait être chic et chouette. Et puis, n'est-ce pas, disions-nous de conserve, ça n'allait pas durer toute la vie. Juste une année, rien qu'une, minuscule. Après quoi, elle comptait bien revenir en ville où elle n'aurait que l'embarras du choix parmi la liste de boulots tous aussi exaltants les uns que les autres.

216) Marianne est partie s'installer sur son île bien avant la rentrée des classes. Elle voulait se dénicher un petit coin tranquille où elle pourrait voir la mer depuis ses fenêtres, disait-elle. C'était sa seule et unique exigence. La mer, disais-je quant à moi, elle allait la voir de toute façon (qu'elle le veuille ou non). Mais non, elle, elle prendrait son petit déjeuner en la regardant, cette mer, martelait-elle. C'était à prendre ou à laisser.

217) Et je me suis laissé emporter par le bateau pour lui rendre visite lors du premier week-end de l'année scolaire. Elle était bien installée. Un joli petit studio. Avec un matelas à même le sol et quelques livres. Un pot de crayons rouges sur la table de la cuisine. Et donc nous avons regardé la mer en prenant notre petit déjeuner. Quand Marianne m'a demandé si je voulais un peu plus de lait, j'ai répondu que oui, volontiers. Et quand moi je lui ai demandé si ses élèves étaient gentils, elle m'a répondu que tout le monde était gentil. Quelque part, oui, ai-je précisé.

218) Elle m'a montré l'école. Une école ordinaire, rien de sensationnel. Un point de vue qui n'entamait nullement l'enthousiasme de Marianne. Et donc tu vas travailler ici ? ai-je dit pour lui donner l'occasion de se rengorger et de me faire faire le tour du propriétaire. Eh oui, c'était ici qu'elle allait travailler. Elle avait attaché à

son énorme trousseau de clés un ruban de satin de couleur mauve. Qu'elle sortait de sa poche à intervalles réguliers pour l'enrouler, le dérouler, le ré-enrouler. Le tripatouiller. J'ai dit qu'une lourde responsabilité pesait sur elle. Elle a souri, haussé les épaules, reconnaissante que j'en aie conscience.

219) Nous sommes allés nous balader sur la plage. J'ai jeté des cailloux dans l'eau. Marianne était d'avis que je lançais plus loin que tous ceux qu'elle connaissait. Le ciel s'est obscurci et force m'a été de constater que nous passions un bon moment ensemble. À ma question de savoir à quoi elle pensait, Marianne m'a répondu que je ne devais pas le prendre mal mais que, là, tout de suite, elle pensait surtout à la cigarette qu'elle allait fumer dès que nous serions rentrés dans son studio. Mais je ne devais pas exclure, me consolait-elle, qu'elle pouvait à chaque seconde penser à moi.

220) Le matelas de Marianne était en réalité trop petit pour deux. Nous n'en étions pas moins lovés l'un contre l'autre. Outrepassant les limites imposées, nous dormions et faisions l'amour en dépit de la configuration de la literie. Marianne possédait une petite radio qui, le samedi matin, diffusait de vieilles chansons. Nous sommes restés allongés jusqu'à la fin de l'émission. Puis, guillerets, nous nous sommes embrassés et Marianne a lu à haute voix quelques poèmes tirés d'un recueil posé à côté du lit. Je la regardais tandis qu'elle faisait la lecture cependant que j'entendais dans la cuisine le bruit de l'eau qui n'allait pas tarder à bouillir.

Elle m'a raccompagné au bateau le dimanche soir. Nous étions d'accord pour dire que nous avions passé un bon week-end. Je sentais en moi une pointe de jalousie à l'idée de la savoir évoluer dans pareil calme et dans un cadre aussi riant alors que j'allais courir la ville à vélo afin de liquider les affaires courantes du matin jusqu'au soir.

J'ai prié Marianne de prendre bien soin d'elle. Sois une bonne professeur. Nous nous verrions dans huit jours, promettions-nous en chœur. La mer était agitée sur le chemin du retour ce qui ne m'a pas empêché, sur le pont, d'inspirer à pleins poumons cet air où ne transparaissait pas encore l'arrivée prochaine de l'automne. Je songeais qu'une nouvelle ère allait dès à présent commencer, mais qu'après ce week-end, je n'étais nullement effrayé par la perspective de lui ouvrir les bras.

221) Et soudain, j'étais seul à l'appartement. Une situation fâcheuse pour mon bien-être. Ne tenant plus en place, je faisais preuve d'une absence totale d'esprit critique vis-à-vis des films que je voyais au cinéma. Les salles obscures me donnaient l'impression de me retrouver dans un no man's land où il m'était enfin permis de me décontracter. Je quittais souvent la salle avec une conscience au plus bas, scandalisé de constater que j'y prenais un plaisir non dissimulé. Je me suis inscrit à un cours de français. Que je fréquentais un soir par semaine. Très rapidement, j'ai pu écrire de petites cartes postales à Mirlinda où figuraient comment je m'appelais, quel âge j'avais, et que j'aimais les pommes. Je me levais de bonne heure quasiment chaque matin, de

temps à autre avec une joie pétulante, voire avec une sensation d'harmonie.

Glenn et moi nous rencontrions souvent à la piscine avant d'aller au travail. Je nageais mon petit kilomètre puis me réfugiais au sauna où je lisais les journaux et menais des discussions sans prétention avec Glenn. Il était bon d'être assis le matin en compagnie d'une personne avec qui on pouvait convenir que le monde était un bien drôle d'endroit. Regarde ! disait Glenn quand il tombait sur un fait divers pour le moins singulier. Un homme était resté avec le pied coincé dans ses cabinets tandis qu'un autre avait rempli à ras bord son réfrigérateur de moineaux morts. J'étais toujours irrité de constater que les journaux ne livraient aucune espèce d'explication à de tels agissements. À croire que les gens se comportaient ainsi le plus ordinairement du monde. Glenn estimait pour sa part que nous n'en avions strictement rien à battre des motifs. Le plus drôle était justement qu'il se trouve des dingos pour faire ce genre de conneries. Si les motifs étaient connus, je n'aurais pas de mal à m'imaginer combien tout deviendrait chiant. Si ça se trouve, les gens arrêteraient de faire des conneries bizarroïdes, ce qui nous donnerait donc moins d'occasions de nous fendre la poire. Glosait Glenn. Car nous, bordel à queue, on savait apprécier une bonne histoire quand on nous en racontait, hein, pas vrai ? Si si, disais-je en y réfléchissant. Glenn avait sûrement raison. Qui sinon des gars comme nous en avait quoi que ce soit à battre des motifs, hein ?

222) Et j'écrivais des lettres à Marianne. Plusieurs par semaine. Il fait nuit à présent et tu me manques, écrivais-je. C'est bête que tu ne sois pas là. Je lui racontais parfois ce que j'avais vu au cinéma. J'envoyais la plupart des lettres. Mais j'en remisais certaines. Et j'en recevais en retour. Ça se passait de telle ou telle manière au travail. Il y avait eu une petite tempête. Des informations relativement élémentaires. Rarement sur ce qu'elle pensait. Sous l'influence de la forme épistolaire, notre relation s'étiolait, prenait un tour prosaïque et terre-à-terre. On aurait pu douter de la sensualité qui l'animait.

En revanche, nous nous voyions très souvent pendant les week-ends. Certes avec moins de régularité au fil du temps, mais quand même. J'y allais plus fréquemment qu'elle ne revenait en ville. Là-bas, nous étions plus amants que jamais. Il y avait moins de choses susceptibles d'éloigner notre attention l'un de l'autre ou de notre relation. Il n'y avait pour ainsi dire rien sinon elle, moi, et toute une quantité d'eau. Je ne devais pas croire qu'elle n'était pas amoureuse de moi sous prétexte qu'elle ne le verbalisait jamais, m'assurait-elle. Une phrase qu'elle m'a répétée à plusieurs occasions. Car sinon, elle parlait surtout de farine et d'autres ingrédients qu'elle devait se souvenir d'acheter avant la fermeture de l'épicerie. Je n'en étais pas affecté. Je l'aimais non pas en premier lieu pour ce qu'elle disait. Le plus important demeurait qu'elle soit là et qu'elle parle. Et elle était là, et elle parlait. Puisque ce n'était pas la parole qui lui manquait.

223) Un week-end, l'opportunité d'emprunter un bateau s'est présentée à nous. Nous sommes donc partis en mer pour pêcher. Marianne m'a prié de venir sentir sa ligne et vérifier la possibilité qu'un poisson y ait déjà mordu. Mais, non, je n'en avais pas l'impression. Elle l'a tirée malgré tout et y a trouvé trois poissons (et pas des plus petits, hein). Comment avais-je pu me tromper dans de si grandes largeurs ? s'étonnait-elle. Dis-le, disais-je, mais il était tout à fait probable que les poissons aient mordu pendant qu'elle remontait sa ligne. Marianne m'a répondu qu'elle n'en croyait pas un mot, non sans remettre fortement en question mes connaissances maritimes.

Après avoir pêché de nombreux poissons, nous avons regagné le rivage, livré le bateau à son propriétaire que nous avons gratifié de quelques éléments du produit de notre pêche en signe de remerciement. Puis, le dîner. Si je pouvais aller faire un saut pour acheter de la crème et du beurre ? Oui, je le pouvais. Et peut-être un peu de bière pendant que j'y étais. Pas de problèmes. Après quoi nous avons mangé, écouté la radio et passé un moment merveilleux.

Toutefois, plusieurs week-ends se sont enchaînés sans que nous ne fassions l'amour. Je me disais que ce genre de choses fonctionne par vagues et cela ne me souciait pas encore.

224) Deux sinon trois week-ends sans que nous nous voyions. Quelques lettres néanmoins, envoyées de part et d'autre. Et puis nous avons enfin réussi à nous retrouver, sans pour autant qu'aucun d'entre nous n'ait

l'idée d'un quelconque sujet de conversation. Je me demandais si, éventuellement, nous pouvions faire l'amour. Mais non, nous ne le pouvions pas.

225) Missive de Marianne dans laquelle elle me priait de ne pas venir le week-end suivant. Une fête des professeurs était organisée, et puis, pour une fois, elle aimerait bien être un peu seule, écrivait-elle. Pas de soucis. Je suis resté en ville, suis allé au cinéma et ai passé le samedi soir avec Halfred. Il se demandait si je n'avais pas envie de l'accompagner à un match de curling le dimanche matin (que le curling ne soit pas un sport en phase avec le public était un pur mythe). Le remerciant de cette proposition, je lui ai dit que je n'avais pas trop le temps en ce moment. Une autre fois.

Halfred possédant un magnétoscope, nous avons loué un film qui était loin d'être une réussite. Je regrettais amèrement d'avoir perdu du temps à le visionner. Je m'en suis ouvert à Halfred qui était d'accord. Son beau-frère le lui avait conseillé, m'informait-il. Je lui ai demandé quel genre de bonhomme était son beau-frère. Au vu de ses explications, il apparaissait clairement que le beauf en question n'était pas du même tonneau que moi.

226) Revenant, un soir, de mon cours de français, je découvrais une nouvelle lettre de Marianne. Ce week-end non plus, ça ne l'arrangeait pas que je vienne. Je commençais à sentir qu'il y avait péril en la demeure. Je l'ai appelée le lendemain à l'école pour lui demander de quoi il retournait. Je ne disais pas non à quelques

menues informations, disais-je. Marianne, sur la défensive. Non non, tout était au poil. Aucune raison de se faire du mauvais sang. Je lui ai demandé ensuite si elle m'aimait, mais elle considérait qu'il était difficile de répondre à des questions comme celle-ci, là, au débotté. En proie tous deux à un long moment d'hésitation, je me suis vu forcé de lui raconter que je m'étais mis à boire du kéfir en grandes quantités. Tu m'en diras tant, a dit Marianne, par ailleurs d'avis que cette récente manie lui semblait tout à la fois saine et raisonnable. Le week-end prochain, alors ? me demandais-je. Oui, tiens, pourquoi pas, concédait-elle.

227) Et le week-end suivant, j'ai donc emprunté le bateau sans avoir pris le soin d'avertir Marianne d'une quelconque manière par voie épistolaire de ma venue. Je regrettais sèchement de ne pas lui avoir apporté un petit cadeau. J'ai marché seul depuis le port jusqu'au studio de Marianne. Un vent sévère soufflait, l'automne était bel et bien là, mais j'avais revêtu mon ciré et je continuais d'évoluer, parfaitement sec, quand la pluie s'est mise à tomber.

228) Un homme était assis à la table de la cuisine de Marianne. Il portait la barbe et était velu au niveau des bras. Une blague à tabac était posée sur la table, à côté de deux sachets de café lyophilisé et, sur l'appui de la fenêtre, à demi caché derrière le rideau, un paquet de préservatifs de marque Funny.

Marianne arpentait son studio, abasourdie. Comme si elle ne s'attendait pas à une telle initiative de ma part.

Tor est biologiste, expliquait-elle. Ah, d'accord. Et qu'est-ce que tu fabriques dans le coin, Tor ? demandais-je. Ce que je fabrique ? Je m'occupe des aigles. Mon truc, c'est les aigles, détaillait Tor.

229) Nous avons fait tous les trois comme si de rien n'était. Eh oui. Et donc. Si si, on trouvait dans le coin des peuplements réguliers d'aigles pygargues, commentait Tor. Il était censé rester dans les parages un certain temps encore afin de dresser une carte de la population des rapaces. Rédiger des rapports. Et il était là à tripatouiller un crayon comme pour attester qu'il savait vraiment écrire. Harnaché de crayons et de feuilles de papier, il envoyait des rapports au ministère. Là-bas, quelqu'un attendait ses rapports. Les lisait. Lisait les rapports de Tor.

C'est cela, oui, Tor, ai-je dit au bout d'un moment. Et je lui ai suggéré de rentrer chez lui se coucher ou d'y bricoler ce qui pouvait lui passer par la tête car là, tout de suite, j'avais un besoin urgent d'être un peu seul avec Marianne. Alors, salut la compagnie, a-t-il dit. Peut-être croyait-il que nous n'étions que de bons copains, elle et moi. J'espérais qu'il n'était pas, pour sa part, aussi banal qu'il en donnait l'impression.

230) C'est trop bête, ai-je dit à Marianne. Elle admettait que la situation était pitoyable, fâcheuse, pénible. Mais de là à dire que c'était bête, elle n'irait certainement pas jusque-là. Parfois, les choses en arrivaient là, voilà. Elle n'y pouvait rien. Et j'ai proprement détesté ce moment quand elle m'a sorti que c'était comme ça et

pas autrement. C'était la vie, voilà. Tu ne penses pas ce que tu dis, ai-je dit. Or il ressortait de ses paroles qu'il n'était nullement question, en l'occurrence, de penser ou de ne pas penser. Encore une fois : c'était comme ça et pas autrement. Mais avait-elle conscience de ce que cela impliquait ? Non, elle devait avouer qu'elle n'en avait pas la moindre conscience. La spontanéité de sa déraison me laissait pantois. Mais quoi, je ne vais pas passer mon temps à avoir conscience en permanence de ceci ou de cela ! estimait Marianne.

Je lui demandais si elle voulait que je m'en aille tout de suite. Oui, ç'aurait été préférable. Mais plus aucun bateau ne partait et dehors, il faisait froid et vilain. J'ai dit que je prendrais le premier bateau le lendemain. Il n'y a qu'un seul départ, a souligné Marianne.

Je lui ai demandé quelle sorte de gugusse était ce Tor, bordel de merde, non sans quelques sous-entendus divers et variés à son sujet. Marianne était d'avis que discuter avec moi pour savoir qui était Tor était, en l'instant présent, le cadet de ses soucis. Ça ne me regardait pas, et moins j'en savais sur lui, mieux je me porterais. J'étais désespéré. Et nous alors ? N'y pensait-elle pas ? Cela ne signifiait donc plus rien pour elle ? Or je devais comprendre qu'elle était incapable de penser à des choses comme celles-ci. On change, voilà. Il n'y avait rien qu'il était en son pouvoir de faire. Et elle a rappelé à mon bon souvenir qu'elle avait toujours précisé qu'avec elle, c'était sans compromis possible (et ce faisant, elle estimait avoir posé les jalons).

Marianne ne quittait pas le périmètre de la cuisine, Marianne était Marianne dans toute sa splendeur et je ne pouvais rien y changer. Elle m'effrayait. Jamais je ne l'aurais cru. Puis elle a dit que je ne devais pas le prendre personnellement. Le temps passe, voilà. Même si on souhaiterait ne pas le voir passer. Disait-elle.

Je ne lui ai pas souhaité bonne nuit. Je ne lui ai rien souhaité ni rien dit. Je l'ai laissée tranquille. Je me suis contenté de boire un verre d'eau et de m'allonger par terre avec une couverture en laine. Emprunter la brosse à dents de Marianne ne me tentait plus du tout.

231) Tout au long de la nuit, aucun de nous n'a trouvé le sommeil. Je le sentais. Submergé par une vague de nostalgie, j'ai dit que ce serait moche de nous séparer de cette manière.

Moche, autrement dit, a dit Marianne.

232) Le lendemain, j'ai pris mes cliques et mes claques et j'ai quitté le studio avant que Marianne ne se réveille (ou plutôt, avant qu'elle arrête de faire semblant de dormir).

Devant la maison, Tor photographiait des aigles, muni de son téléobjectif. Il m'a ri au nez en me demandant si j'étais capable de reculer une voiture attelée d'une remorque.

Je me suis assis sur un banc à l'embarcadère. J'ai attendu le bateau pendant longtemps. Il a fini par arriver. Le seul bateau de la journée.

233) Je suis tombé malade.

Je me suis mis au lit avec des raisins et des bandes dessinées et j'ai décidé de demeurer alité pour un long moment encore.

Quelqu'un aurait dû me rendre visite, me consoler. Dire que ce n'était pas évident pour moi d'affronter cette situation tout seul. Mais personne n'a pris une telle initiative.

Je me perdais dans des visions fiévreuses et fantaisistes où, âgé de quatre-vingt-dix ans et prénommé Salvatore, je passais mon temps assis sur une chaise. Je ne faisais que ça : être assis sur ma chaise en attendant que les choses prennent fin. Jouir du respect que chacun me témoignait, avoir une grande famille et, par-dessus le marché, me prénommer Salvatore.

234) Au bout d'une semaine, je me suis levé. J'avais lu et relu toutes mes bandes dessinées et j'avais beaucoup maigri. J'étais loin d'être content, et surtout, j'étais affamé.

Dans la cave, une brassée de pots de peinture. J'ai mélangé toutes les couleurs jusqu'à obtenir une teinte brunâtre répugnante. Je jubilais à l'idée de ce que j'allais faire. La commode de Marianne a brillé d'un beau marron en l'espace d'une demi-heure. J'ai lacéré un de ses collants que j'ai laissé pendouiller sur la commode. Histoire qu'il sèche dessus en s'y agglomérant. Je gloussais tout seul d'un ricanement sardonique. Pas une seconde il ne m'a traversé l'esprit que j'affrontais cette situation d'une manière un brin puérile.

235) Halfred s'est rendu compte que je n'étais plus tout à fait sain d'esprit. Il a dû se mettre en tête que ce dont j'avais besoin, c'était une bonne bamboula. Si j'avais envie de me joindre à un enterrement de vie de garçon ? Il prétendait que mon imagination morbide était susceptible de donner le meilleur d'elle-même plus tard dans la nuit. À la question de savoir qui se mariait, il se révélait que ce n'était autre que le beau-frère de Halfred. J'ai demandé en prenant des gants si la dénomination de beau-frère ne signifiait pas qu'il était marié avec la sœur de Halfred. Si, mais il se remariait. J'ai dit que j'espérais que cette nouvelle union n'avait pas lieu à l'insu de sa sœur, ce que Halfred espérait aussi. Halfred n'avait peut-être pas le meilleur contact du monde avec sa sœur, dans ce cas ? Non, en effet, et puisque je mettais le sujet sur le tapis, ça lui faisait penser que, en fin de compte, il ne lui avait plus parlé depuis belle lurette. Il devrait sans doute le faire, non ? proposais-je. Quoi qu'il en soit, je devais l'accompagner à cet enterrement de vie de garçon, insistait Halfred. Que je n'y connaisse personne ne portait pas à conséquence. Puisqu'il s'agissait uniquement de se bourrer la gueule.

236) L'enterrement battait son plein quand nous sommes arrivés. L'ambiance était en passe de rouler

sous la table. Comme il était manifeste qu'aucune parole ne serait prononcée qui mériterait de rester gravée dans nos mémoires, j'ai aussitôt entrepris d'avoir une descente soutenue. Les souvenirs glissaient sur le service militaire, entre autres choses de cet acabit. Les éclats de rire fusaient, tonitruants. Ces gars avaient visiblement vécu ensemble des moments aussi inoubliés qu'inoubliables. J'ai demandé au beau-frère de Halfred comment il était possible d'aimer le film que Halfred et moi avions vu. Je l'ai poussé dans ses retranchements et la discussion a dégénéré. Je m'apprêtais à lui administrer un coup de poing dans le ventre quand Halfred a surgi à petites foulées en me priant de me calmer.

Les heures ont passé, la plupart des participants à la fête ont été incapables d'aligner trois mots sensés et, à maints égards, en avaient terminé avec la soirée en tant que telle.

237) Peu avant minuit, le beau-frère de Halfred dormait, vautré dans son fauteuil. Les autres pionçaient sévère eux aussi. Halfred et moi étions parfaitement éveillés. Nous nous demandions ce que nous allions bien pouvoir fomenter. On n'a qu'à le laisser affalé là, non ? me disais-je. Mais selon Halfred, c'était une proposition ridicule. On était capables de trouver mieux que ça, une vachardise quelconque par exemple. Nous avons entamé de longs pourparlers, mais aucun de nous n'avait l'esprit très clair. Nous avons fini par envelopper le beau-frère dans un duvet puis par l'enrouler dans une carpette. En le saucissonnant à l'aide d'une corde. Avec un feutre à alcool, j'ai écrit bite sur le front du

beau-frère, en grosses lettres (sans que ni lui ni moi n'en riions notablement). Après quoi nous l'avons charrié dehors et planté au beau milieu d'un carrefour, en l'encerclant d'une lampe clignotante et de tréteaux du service de l'équipement. Et nous sommes rentrés.

J'avais cru que ce serait plus rigolo. Halfred aussi. Nous étions déçus. Nous nous sommes dit bon, d'accord, puis bonne nuit ; le plus surprenant étant que j'aie accepté de l'accompagner à un match de curling le lendemain.

238) Il n'y a pas eu de match de curling inscrit à notre programme. Fortement diminués l'un comme l'autre, nous avons succombé à une bonne et longue grasse matinée, et il s'est très vite révélé que l'arrangement optimiste passé la veille avait été la manifestation d'une témérité pour le moins présomptueuse. Halfred, philosophe, avançait l'argument selon lequel nous avions, à nous coucher à pas d'heure comme nous l'avions fait, posé les fondements d'un réveil suffisamment tardif pour engranger un retard impossible à juguler.

239) Coup de fil de Nidar-Bergene. Elle voulait l'adresse de Marianne. Elle l'a eue. J'avais l'air bien déconfit, trouvait-elle, et, en entendant l'intonation de sa voix, vibrante d'une réelle compassion, j'ai vidé mon sac à propos de Marianne et Tor. Nidar-Bergene était scandalisée. Elle trouvait méchant de la part de Marianne que celle-ci puisse en arriver à de tels agissements. À cela, je n'avais rien à répondre de particulier. Si ce n'est que c'était méchant, bien sûr, mais surtout, que j'étais

content que d'autres que moi en aient conscience. Nidar-Bergene m'a demandé si j'avais envie de chocolat. Oui. Dans ce cas, elle allait faire un saut. Elle devait d'abord régler la question de la baby-sitter. La perspective me semblait alléchante. Je la priais néanmoins de promettre de ne pas me bassiner au sujet du cristal. Elle n'a pu s'empêcher, et à plusieurs reprises, de demander pourquoi, mais elle a fini par céder. Elle n'en toucherait pas un mot.

Et donc Nidar-Bergene est venue, m'a serré dans ses bras en disant que, à ce qu'elle pouvait voir, je n'étais pas au top de ma forme. Elle a vidé sur la table du salon un sac plastique rempli de chocolats. Tandis que j'en mangeais, elle m'a questionné à propos de Tor. Et tandis que je lui racontais, elle a souligné que Marianne avait toujours eu un faible pour les hommes dotés d'un solide bagage sur les arbres, les poissons ou ce genre de connaissances (et si ça se trouvait, cela concernait peut-être aussi spécifiquement les aigles, conjecturait-elle). Puis elle a voulu savoir comment, en fin de compte, ça avait commencé entre Marianne et moi, si bien que je me suis vu forcé de lui fournir une réponse criante de vérité : à savoir que Marianne, tout bonnement, avait débarqué.

240) Pendant toute une semaine, je suis resté allongé dans mon lit à observer ma peinture sur toutes les coutures. Et à penser à Marianne. Laquelle était très présente. Du moins à l'intérieur de mon crâne. Je ne parvenais pas à l'évacuer.

Je n'entreprenais aucune démarche particulière pour

la récupérer, pensais-je. De même que je n'avais entrepris aucune démarche particulière pour la freiner quand elle avait débarqué. En fait, je n'entreprenais pas grand-chose, dans l'ensemble. Et maintenant elle était partie. Peut-être que je n'avais pas dit grand-chose non plus. J'aurais dû parler davantage. Oui, j'étais désormais à peu près persuadé que j'aurais dû parler davantage. Et je me sermonnais pour ne pas avoir pris davantage la parole quand je l'avais. Mais à la réflexion, je n'avais pas la moindre représentation concrète et solide de ce qui aurait pu être différent. À la va-vite, j'ai passé en revue les connaissances que je possédais mais n'en ai trouvé aucune qui soit digne d'intérêt et constitue le point de départ d'une conversation. Peu de temps après, je suis allé à la bibliothèque emprunter des ouvrages sur les castors. Je me disais que ce pouvait être un bon début.

241) Et puis Marianne a téléphoné, comme ça, à l'improviste. Elle m'a demandé comment j'allais. C'est maintenant que tu appelles, ai-je dit. Oui, c'est maintenant que j'appelle, a-t-elle dit. Y avait-il quoi que ce soit de surprenant à cela ? Surprenant, oui et non, ai-je répondu. Puis elle a embrayé sur Tor, comme quoi il avait pris des tonnes de photos d'aiglons et que je ne pouvais pas m'imaginer combien ils étaient mignons et parfaits. Je lui ai avoué qu'à la vérité, non, effectivement, je ne pouvais pas me l'imaginer.

Je l'exhortais à faire preuve d'un peu de tact et d'éviter de parler de Tor quand elle daignait m'appeler. Du tact ? a-t-elle répété en me demandant ensuite de quoi j'avais envie qu'elle parle. Je l'ai priée de laisser tomber et d'oublier ce que je venais de dire. Elle a précisé que jamais elle ne reviendrait en ville. Elle adorait la mer et l'île où elle vivait désormais. Elle ne s'était jamais sentie aussi libre et vivante. C'est dramatique, ai-je dit. Et Marianne l'a confirmé. La vie est dramatique, a-t-elle dit.

242) Je ne voulais pas que mon existence soit un cran en dessous par rapport à celle de Marianne dès lors que le dramatique entrait en ligne de compte. Je m'affichais dans des cafés où je n'avais jamais mis les pieds, avec l'air du mec nouveau et donc forcément passionnant. Pas un seul instant il ne m'a traversé l'esprit que j'établissais un point de comparaison entre nouveau et dramatique et que, ce faisant, je me plantais en beauté.

J'ai engagé la conversation avec une fille définitivement vulgaire. Elle se penchait à ma hauteur quand elle voulait s'adresser à moi et chaque fois qu'elle ouvrait la bouche, j'avais l'impression qu'elle allait me demander la permission de me sucer. Elle déversait un flot de paroles oiseuses à propos de son oncle, un type visiblement bien sous tous rapports. Il apparaissait qu'elle s'appelait Lollik et j'ai réussi tant bien que mal à éviter de montrer que je trouvais son prénom pour le moins insolite. Nous discutions en buvant des bières cependant que Lollik fumait plus de cigarettes par pinte qu'il n'était à mon sens (et de celui de bien d'autres de mes congénères) éthiquement défendable.

Comme je me demandais si nous pouvions nous revoir le lendemain (au cinéma peut-être ?), Lollik ne voyait quant à elle aucune raison pour remettre à demain ce que nous pouvions faire aujourd'hui. Autant m'accompagner jusque chez moi ce soir. Mieux, dès maintenant. Elle n'avait, elle, nul besoin de mes yeux pour pouvoir terminer ses phrases. Les yeux ne m'ont jamais intéressée, disait Lollik.

243) Le lendemain matin, Lollik occupait toujours mon lit. Étendue là, elle échappait à toute définition. Sa poitrine proéminente qui dégueulait de partout en exigeant de la place, ses lèvres dont l'immanquable vulgarité, très nettement au-dessus de la moyenne, perdurait jusque dans son sommeil. Elle s'est réveillée en disant que la peinture accrochée au mur de ma chambre à coucher était d'une laideur à gerber, et que cette même gerbe lui montait à la gorge rien qu'en pensant au petit déjeuner. Lollik était de celles qui ne mangent que si elles y sont obligées. Et si je la forçais ? m'interrogeais-je. Là, elle trouverait ça sexy. Je me suis bien gardé de la forcer.

Toujours allongée dans mon lit, Lollik bavassait pendant que je me nourrissais. Le problème, m'informait-elle, c'était qu'elle n'aimait pas commencer à manger. Ça lui coûtait toujours énormément de commencer à faire des trucs. Une fois qu'elle était dedans, ça allait, mais le tout était de s'y mettre. Et après de s'arrêter. Elle n'aimait pas les actes qui ne duraient pas. La vie est tellement morcelée, disait Lollik. Elle voulait lutter contre ça. Corps et âme. Je lui ai signifié que je trouvais ça complètement ridicule, mais elle se contrefoutait de mon opinion. En revanche, elle aimait faire caca. C'était d'ailleurs la seule et unique raison qui la poussait à bouffer, disait-elle aussi.

Nous avons poursuivi une discussion sur les livres,

tout à fait dénuée de prétention. Retirant quelques ouvrages de l'étagère, je me demandais si elle les avait lus. Mais non. Elle n'arrivait pas à lire les livres qu'elle n'avait pas trouvés elle-même. Si quelqu'un lui en conseillait un, elle faisait un blocage. C'était au-delà de ses capacités. Même si tous les gens qu'elle connaissait lui avaient seriné que le bouquin en question était génial, elle ne pouvait pas. Niet. Et Lollik de secouer la tête en signe d'impuissance. Elle ne lisait peut-être pas beaucoup ? me suis-je enquis. C'était pile poil ça, a confirmé Lollik. Je lui ai demandé si elle considérait ça comme un problème, mais non, pas du tout.

244) J'ai décidé de succomber à la vulgarité de Lollik pendant un petit bout de temps. Ne rien me refuser. J'ai téléphoné au travail, en proie à une quinte de toux, en annonçant que, hélas, je faisais de l'angine de poitrine.

245) Quelques jours plus tard, je regardais Lollik manger un œuf. De ma vie, je n'avais jamais vu de scène aussi écœurante que celle-ci. Un œuf dur qu'elle a épluché puis enfourné dans sa bouche en un seul mouvement. C'est comme ça qu'elle l'aimait, expliquait-elle. C'était une action limite. Le fait de manger était alors plus simple à accepter. Elle n'avait la sensation ni de commencer ni de terminer. Elle bouffait, point barre, sans que rien n'arrive avant ou après, expliquait-elle aussi. Je me demandais si fumer des cigarettes était du même ordre pour elle, mais non. Selon Lollik, on ne pouvait pas comparer fumer et manger. Fumer, elle le faisait tout le temps. Sans discontinuer. Elle ne com-

mençait ni ne terminait jamais. Donc ça ne lui coûtait pour ainsi dire pas d'allumer une cigarette. Non, vraiment. D'ailleurs, à bien y réfléchir, elle ne voyait rien qui lui coûte aussi peu que ça.

246) Lollik a déclaré qu'elle trouvait mon appartement d'un mauvais goût extraordinairement effarant. Mais ça lui plaisait. C'était une mauvaise habitude, à l'en croire, de s'acharner à vouloir vivre dans un bel environnement. Elle se plaisait chez moi. Je lui plaisais. En plus, j'exigeais si peu d'elle. J'exigeais juste ce qu'elle avait envie de donner, et encore. Mettons que la balance s'inverse ? ai-je voulu savoir. Mettons que j'accepte ce que j'ai eu jusque-là et que je n'aie pas encore pris le parti de demander plus ? Là, admettait Lollik, la situation serait tout autre. Une autre situation, nettement moins intéressante. Quand je lui ai signalé que ça n'allait peut-être pas tarder à arriver, que tout allait être moins intéressant, elle s'est bornée à me fixer avec un regard bovin et interrogateur. Obtus et indécis. Après quoi elle a eu ce geste avec une allumette, d'une vulgarité sans nom.

247) Viens, on part au bord de la mer, ai-je lancé un vendredi après-midi. Lollik n'y voyait pas d'inconvénient. Étrangement. Je voulais montrer Lollik à Marianne pour allumer une étincelle de colère dans son regard. Nous avons mangé beaucoup de chocolat sur le bateau.

Nous avons pris la direction du studio de Marianne. Nous l'avons trouvé vide et toutes lumières éteintes.

Tandis que je faisais du thé, Lollik a prononcé une phrase absolument choquante que j'ai préféré ne pas écouter. Puis nous nous sommes couchés. Je me délectais à l'idée que Marianne me découvre en train de dormir sur son matelas en compagnie d'une autre fille. Or le lendemain, Marianne n'était toujours pas en vue. Quand nous avons demandé au propriétaire où Tor et Marianne pouvaient être, il a désigné une montagne avant de mimer avec les bras un battement d'ailes narquois.

Tout est systématiquement plus loin qu'il n'y paraît, et encore plus quand quelqu'un désigne un point. Toujours est-il qu'au bout de trois heures, nous avons gravi la montagne et Lollik suçait une pomme. Je lui ai demandé si elle ne pouvait pas se contenter de la manger ou de la croquer, la voir marcher en suçant cette pomme m'exaspérait au dernier degré. Hélas non, elle ne le pouvait pas, expliquait-elle, vu comme elle adorait sentir la pomme se dissoudre lentement dans sa bouche. Elle adorait l'idée que sa salive puisse, à elle seule, avoir ce pouvoir sur les choses.

Je me suis mis à appeler Marianne et, comme un lapin sortant d'un chapeau, Tor a surgi de sa cahute de camouflage et nous priant de la boucler, putain de merde. Ah, c'est vous, ai-je dit. Et j'ai fait les présentations : Lollik – Marianne (Marianne – Lollik), Lollik – Tor (Tor – Lollik).

Lollik se demandant ce qu'ils pouvaient bien fabriquer sur la montagne un samedi matin, Tor a répondu, comme à son habitude, que son truc, c'était les aigles.

J'ai chuchoté à Marianne que j'étais venu lui montrer

Lollik. Manque de chance, il faisait trop noir dans leur cahute pour apercevoir sa réaction. Tor a dit, avec un brin d'irritation dans la voix, que nous ne devions pas faire le moindre bruit, ce à quoi j'ai dit que je ne pouvais rien promettre. Une vague non négligeable d'énervement flottait dans l'air.

248) J'avais eu une pensée à courte vue. Je n'avais pas prévu qu'il se passe quelque chose après. J'étais venu pour exposer Marianne aux conséquences de ses actes, pour susciter chez elle des regrets. Maintenant que c'était fait, je n'escomptais pas un seul instant qu'un événement se produise à l'issue de cette confrontation. Or si. C'était ça la vie, me rappelais-je : elle n'offre aucun moment de relâche, jamais. Aucun trou noir libérateur, bercé par une douce musique, où l'on peut se réfugier pour y acheter des bonbons acidulés qu'on pourra sucer et ainsi échapper à la cohérence des causes et des effets. Rien ne s'arrête avant l'ultime fin. Et là, ça s'arrête pour de vrai. Sauf que je n'y avais pas réfléchi. J'avais été présomptueux, j'avais eu un raisonnement à brève échéance. Et maintenant, je me retrouvais dans la cabane à aigles de Tor en me doutant que Marianne n'appréciait pas Lollik. Laquelle, pour sa part, s'en tapait royalement, suçait les reliquats de sa pomme, toute satisfaite de la vie qu'elle était. Quand mes yeux ont été habitués à l'obscurité, j'ai distingué que Marianne me lançait des regards signifiant très clairement qu'elle reconnaissait tout à fait l'ampleur de l'absurdité de la situation.

249) Lollik tenait le crachoir à Tor, lequel était allongé devant une lucarne, muni de ses jumelles et de tout son attirail photographique. Moi, j'adore les aigles, disait Lollik. Je voyais que Tor attendait qu'elle lui demande la permission de le sucer.

À plusieurs reprises, Lollik a répété qu'elle aurait préféré être aigle que femme. Tor l'intimait à fermer sa grande gueule, une réflexion qui n'était pas sans me déplaire.

Tor indiquant que la cabane était un peu étroite et que, en fait, il avait du pain sur la planche, Marianne et moi avons gentiment pris le chemin de son studio. Lollik a fait des pieds et des mains pour pouvoir rester aux côtés de Tor. Mais elle devait jurer de garder le silence. Et elle devait aussi ne rien demander, ne pas sucer sa pomme, ne pas se déshabiller. Ne rien faire d'autre qu'attendre. Lollik a juré-craché. Et peut-être en fin de compte avait-elle une réelle passion secrète pour les aigles.

250) Je refuse de croire que tu as des sentiments pour elle, a dit Marianne en employant un ton catégorique. Des sentiments… ai-je dit en traînant la voix sur la dernière syllabe. Mais bon, Marianne pouvait bien croire ce qu'elle voulait. Lollik était la personne la plus pénible, la plus vulgaire et la plus rébarbative qu'elle ait jamais approchée. Je n'ai pas caché ma surprise. En ajoutant que pas un instant il ne m'était venu à l'idée de considérer Lollik de cette manière.

251) Soirée du samedi minable à tous points de vue et d'une insignifiance crasse. Sans nul doute le samedi soir le plus oubliable qu'il m'ait été donné de vivre. Seule Lollik se régalait, passait une soirée invariablement impeccable en mentionnant à gogo l'aigle qu'elle avait aperçu. Quant aux autres, à savoir nous trois, nous rongions notre frein. Tor et moi voulions tous deux le dernier morceau de pizza et pas une parole n'est venue perturber le silence qui nous unissait, Marianne et moi.

Le dimanche matin aux aurores, Lollik et moi avons pris le bateau pour rentrer en ville. Évidemment, Lollik aurait eu envie de rester plus longtemps. Je me suis figé sous l'effet d'un changement de personnalité aussi brusque qu'éphémère lorsque le bateau est arrivé à quai et que Lollik a voulu que nous rentrions chez moi faire des gaufres et retirer la plupart de nos vêtements. Je l'ai sommée d'aller se faire foutre. Et de disparaître. Elle n'avait aucune espèce de recul pour comprendre ce qui subitement m'arrivait. Elle a néanmoins disparu et je suis rentré, je me suis couché, avec la conscience absolue que, désormais, j'en avais ma dose. Je n'ai plus jamais revu Lollik.

252) Je suis retourné travailler. Sans prendre soin de prévenir que j'avais été malade. Je ne fréquentais personne d'autre que moi-même (et encore). De temps à autre, je croisais Glenn. Nous riions, bons amis que nous étions. Il m'arrivait aussi de rencontrer Halfred. Nous concoctions des idées endiablées en perspective du prochain enterrement de vie de garçon.

Chaque fois que je rentrais, je tombais sur la commode marron de taille moyenne, rehaussée du collant figé ayant autrefois appartenu à Marianne. C'était un spectacle réjouissant. Je posais mes clés sur la commode, ainsi que quelques effets personnels quotidiens (cure-dents, allumettes, une ou deux cigarettes).

J'ai renouvelé ma carte d'abonnement annuel à la piscine. Je nageais moult kilomètres sans avoir la moindre nouvelle de Marianne. Plusieurs mois ont passé ainsi.

253) J'étais seul. Marianne n'était plus là. Ni personne d'autre d'ailleurs. Il n'y avait que moi. Je pensais moins à Marianne que je ne l'aurais craint. J'essayais de réduire notre relation à une simple bagatelle, d'affirmer qu'elle ne contenait pas grand-chose digne d'être sauvé et, au fur et à mesure, je réussissais avec brio à discréditer Marianne. Il m'arrivait de m'asseoir dans un fauteuil du salon, de me servir un verre de vin et de réfléchir à tout ce que nous avions vécu ensemble. Je tirais la conclusion que notre histoire avait démarré sous des auspices tels qu'ils compromettaient déjà son fonctionnement. Notre vie commune avait atteint des dimensions exagérées, songeais-je. Marianne était surfaite. Certes mignonne et sexy, d'accord, mais au-delà de ça, qui ne l'était pas ? (en définitive). Une fille comme une autre. Tant et si bien que, comme de coutume, j'étais loin d'avoir vidé mon verre lorsque je ponctuais ma réflexion en affirmant que Marianne n'avait décidément rien d'extraordinaire.

Je m'entraînais donc à vivre seul et ne m'en sortais pas si mal en fin de compte. Ma vie en solitaire est bientôt devenue aussi peu problématique qu'elle l'avait été avant que Marianne se soit mise à sonner à ma porte et à insister sur son existence.

254) Le printemps est revenu et j'ai découvert que je prenais un plaisir particulier à m'installer dans les parcs

pour regarder les gens qui s'y promenaient et s'amusaient en compagnie de leurs enfants et de leurs amis. Je m'asseyais sur les bancs verts en croisant les jambes. Respirant l'air frais et printanier, je considérais l'éventualité d'arrêter de fumer.

255) Marianne en ville. Un samedi matin. Main dans la main avec Tor. Ils faisaient leurs courses tandis que je regardais la vitrine d'une boutique de fleurs. Tomber sur eux n'a suscité chez moi aucun émoi particulier. Marianne s'était laissé pousser les cheveux. Portait un manteau élégant. J'étais convaincu qu'il serait plus détestable pour elle de me voir que pour moi de la croiser. De mon côté, j'en avais fini et bien fini avec elle, mais, en vertu d'une raison que j'ignorais, je croyais que ce n'était pas tout à fait le cas pour elle. Longtemps après, il m'est apparu que cette supposition était sans nul doute un peu abrupte et infondée, et qu'un psychologue aurait pu folâtrer abondamment en tentant de l'interpréter.

Ils sortaient du magasin quand je suis tombé nez à nez sur eux. Je tenais deux paquets de douze rouleaux de papier toilette chacun et Marianne m'a demandé si je rentrais chez moi faire caca. Elle avait un bouquet de fleurs dans une main et Tor dans l'autre, puis elle m'a demandé en riant si je rentrais chez moi faire caca.

Plus que de la méchanceté, il s'agissait davantage d'une insolence gouailleuse.

256) J'ai eu une période où j'œuvrais en dilettante dans l'existence. Désemparé, je formulais des pensées sans conviction. Je restais à la maison en attendant que

quelque chose survienne. Je sentais le temps qui passait, jugeant de son inutilité absolue. Je tentais de me figurer les circonstances auxquelles tout devait idéalement se conformer. J'établissais des plans détaillés où je projetais puis mettais au point la possibilité de tomber à nouveau amoureux. Je me disais que, éventuellement, si je devançais les problèmes, j'en serais délesté le jour où ils apparaîtraient.

Rien ne survenait. Rien dont j'étais l'inspirateur. Puisque, en outre, je ne prenais l'initiative de rien.

De plus, je décidais d'intégrer cette masse de gens qui sont encore honteusement bien en dépit de leur âge canonique, alors même qu'ils devraient avoir rendu l'âme depuis des lustres. Je vais leur montrer, moi, songeais-je.

257) Finalement, j'ai compris que j'avais une attitude précipitée dans la vie. Ce n'était pas ainsi que les choses devaient se dérouler. Je devais me frotter aux gens. Je me disais que tout finirait bien par rentrer dans l'ordre dès l'instant où je prendrais un peu l'air. Après tout, je comptais encore parmi la jeunesse.

J'ai ainsi commencé par inviter à dîner une collègue, de sexe féminin donc, mais, aussi étrange que cela puisse paraître, nous avons passé une majeure partie de la soirée à discourir des olives.

258) Je me rendais tous les jours au parc désormais. Après le travail. Ces visites remplaçaient même parfois ma fréquentation de la piscine. Quelques-unes des vieilles dames assises là à tricoter et à hocher la tête les

unes aux autres se sont mises à me saluer. Elles trouvaient que j'étais jeune et charmant, ce que j'étais peut-être d'ailleurs. L'une d'entre elles a poussé la familiarité jusqu'à affirmer que, si elle avait eu cinquante ans de moins, j'aurais alors vu ce que c'était qu'une vraie femme.

La nuit, allongé dans mon lit les yeux grand ouverts, j'ai intimement souhaité qu'elle ait bel et bien cinquante ans de moins, puis, l'espace d'une seconde, que j'aie moi-même cinquante ans de plus. Or à l'issue de cette pensée terrifiante, j'ai eu peur et n'ai plus trouvé le sommeil. J'étais furieux contre moi d'avoir émis une telle hypothèse, mais aussi foncièrement reconnaissant que ce ne soit pas le cas. Après quoi je me suis réveillé et, en prenant mon petit déjeuner, j'ai songé à sérieusement envisager l'éventualité d'arrêter de fumer. Aussi vite que possible et de préférence aujourd'hui même.

259) Un homme s'est assis à côté de moi sur le banc et m'a offert une cigarette (que j'ai refusée). Il voulait qu'on soit potes. Voire, les meilleurs potes. Il s'est incliné vers moi pour m'informer qu'aujourd'hui, il avait fait un temps magnifique à cinq heures du matin. Il partait en effet du principe que j'avais dormi et que je ne m'étais pas rendu compte de la singularité de la lumière. J'ai acquiescé puisque, en effet, je n'y avais pas prêté attention. Il y avait vraiment eu sur la ville une lumière très particulière, expliquait-il – et de se pencher sur moi en adoptant une posture complètement grotesque et très peu naturelle si bien que, de l'épaule, il a effleuré mon entrejambe. Je me suis écarté, sans rien dire. Quand il a

recommencé son petit manège, je me suis levé et j'ai dit bon, écoute, mon petit bonhomme. Il a agité les bras en signe de dénégation avant de s'exclamer que je pouvais être tranquille, qu'il préférait les femmes aux hommes. Vraiment, je n'avais aucune crainte à avoir. Bon, O.K., il l'avait fait avec quelques types, mais en était arrivé à la conclusion qu'il préférait les femmes, de loin. Je lui ai répondu qu'il avait le droit de préférer qui il voulait tant que ses projets ne m'incluaient pas. Il s'est redressé, s'est fendu d'un au revoir poli puis m'a conseillé de songer à ne pas oublier, demain matin, la lumière de l'aube. La probabilité que la lumière soit belle ce jour-là aussi était visiblement très forte.

Après cet épisode, le doute m'étreignait quant à ma nouvelle habitude de traîner dehors en permanence et de me mélanger à des gens de toute nature. Même si je persistais à penser qu'il valait mieux profiter de l'air frais plutôt que de rester confiné entre mes quatre murs à avoir une attitude précipitée dans la vie.

260) J'arrosais les plantes et relevais les lettres et les journaux pour mes parents partis passer la Pentecôte à la montagne. Mon père avait rédigé une note d'une précision aussi rigoureuse que redoutable dans laquelle il me rappelait, avec force expressions enflammées, que je devais donner des graines de tournesol à la famille écureuil qui résidait dans le jardin. Le sachet de graines était disposé sur un piédestal si tape à l'œil qu'il aurait fallu être aveugle ou au beau milieu d'un orgasme pour qu'il ait, le sachet, la moindre chance de passer inaperçu aux yeux du premier venu. Or donc, ne passant pas

inaperçu à mes yeux, je m'en suis emparé et suis allé disperser les graines sur la pelouse. Et aussitôt, les écureuils ont accouru, suscitant chez moi à la fois surprise et ravissement. Soudain en phase avec l'enthousiasme paternel, j'ai été saisi par une pointe de culpabilité pour m'être montré si peu compréhensif envers mon père pendant tant d'années.

Il fallait bien sûr que, au fond du paquet de courrier, figure une lettre envoyée par, je me le donnais en mille, Marianne. Elle se distinguait des autres par le simple fait que Marianne en était l'expéditrice. La lettre était là, et de Marianne de surcroît. J'ai décacheté l'enveloppe à la vapeur et j'ai déplié la feuille. Puis j'ai lu.

Prolixe sur le temps qu'il faisait (ça allait sûrement être une année à mûres jaunes, là-bas dans son île), Marianne écrivait qu'elle n'était pas en si mauvaise forme, loin de là, là-bas près de la mer, jusqu'à ce qu'elle ajoute, à la fin, un mot me concernant.

261) Marianne précisait qu'elle était navrée que la relation qui nous unissait elle et moi se soit achevée de manière aussi stupide. Aussi, en la matière, si mes parents croyaient pouvoir exercer la moindre influence sur moi, Marianne leur serait alors profondément reconnaissante, et plus que jamais s'ils pouvaient m'inciter à lui écrire. Merci d'avance, ponctuait Marianne. Dans une lettre écrite à mes parents. Une lettre censée être adressée à mon insu.

Tout ceci déclenchait une dissonance si fâcheuse dans la conception du monde que je venais d'élaborer, que je ne digérais mais alors pas du tout ces nouvelles informations inquiétantes sur le compte de Marianne. Or, voilà qu'en un laps de temps étonnamment record, je parvenais à tout refouler. J'ai refoulé la lettre de Marianne si consciencieusement que j'avais l'impression de ne l'avoir jamais lue. Après quoi je me suis assis à la table et me suis enfilé une généreuse ration de corn flakes.

262) Un nouveau jour au parc. Un homme est arrivé avec sa petite fille. Un bout de chou qui pétait le feu et courait dans tous les sens à une vitesse faramineuse. Il s'en est fallu d'un cheveu qu'elle ne soit grièvement blessée par les vélos rouges et jaunes des garçons plus grands. À un moment donné, elle a découvert la fontaine, mais aussi qu'il était possible de jeter des pierres dedans. Et donc elle s'est mise à en balancer, en manifestant une joie phénoménale chaque fois que les pierres émettaient un plouf. Elle a dû trouver ce jeu capricieux et fantastique à la fois, à un degré dépassant l'entendement. Et son père lui concédait tout. Il se mettait à quatre pattes pour trouver des pierres suffisamment petites pour qu'elle puisse les lancer plus loin qu'à cinquante centimètres. L'enfant amusait la galerie de par sa joie quasi impénétrable. Regardant dans ma direction (j'étais assis juste à côté), son père a eu un geste d'excuse, comme s'il savait combien la scène devait paraître curieuse mais qu'il n'y pouvait rien et que dans tous les cas, nous avions affaire à une gamine pas banale qu'il fallait laisser s'épanouir librement et sans aucune limite pendant un temps encore. Naturellement, j'ai ouvert les bras en disant oui, que grand bien lui fasse.

Bien qu'elle soit au bord de la fontaine, pour ainsi

dire penchée au-dessus de l'eau, elle ratait souvent ses lancers. Mais avec un bonheur si insatiable que ce dernier a fini par me faire réfléchir. Une volupté si simple et si massive que je me suis vu forcé de prendre mon front entre mes mains en me demandant vraiment ce que je foutais en ce moment sur cette terre. Et mon incapacité à répondre à cette question m'a laissé éberlué. Je suis rentré chez moi où j'ai fait des gaufres. Une telle tripotée que j'ai dû congeler la part du lion.

263) Plus aucune cigarette désormais. J'avais définitivement arrêté de fumer. Si bien que je vivais avec l'impression de m'économiser du temps. Aussi, rien qu'histoire de me prouver à moi-même que je n'avais plus une attitude précipitée dans la vie, je suis sciemment, et à plusieurs reprises, arrivé en retard au tramway. En me disant que, oh crotte, tu n'as plus qu'à prendre le prochain.

264) Un après-midi, on a sonné à ma porte. Un homme en complet noir se tenait sur le seuil, débordant d'espérances professionnellement irrépressibles. Il m'a demandé si je pensais souvent aux enterrements. Non, je n'y pensais pas du tout. Si j'avais cinq petites minutes devant moi, il allait approfondir le sujet en ma compagnie. D'accord, ai-je dit, mais pas une seconde de plus.

Avais-je pris position par rapport à mon propre enterrement ? Euh, non. Oui, bon, concédait-il, c'est vrai que j'étais jeune et joli de ma personne mais ça pouvait m'arriver n'importe quand, à commencer par demain. J'étais peut-être un adepte de la bicyclette, qui sait ?

Puis il a ajouté que, dans de telles circonstances, il était bon de savoir que quelqu'un avait les choses bien en mains. J'étais d'avis pour ma part que mes parents sauraient parfaitement affronter une telle situation. Certes, mais savaient-ils au moins, mes parents, mettons, quel genre de musique j'aimerais entendre à mon enterrement ? Non, ai-je répondu, ils ne le savaient sans doute pas, mais je leur faisais confiance. L'agent estimait quant à lui qu'on ne devait pas d'emblée faire confiance aux autres dans des affaires aussi graves que celles-ci. Pour ce qui le concernait, la musique était prête (il savait même depuis l'âge de dix-neuf ans quels seraient ses derniers mots). Si vous avez le temps de les prononcer, ai-je répliqué. Oui, bien évidemment. On ne sait jamais, hein. Mais il avait encore du temps devant lui, pérorait-il.

Il voyait d'un très bon œil que j'appose à présent ma signature au bas de plusieurs papiers puis que je paye une certaine somme afin que le tout soit bien pris en mains, d'une manière professionnelle et rassurante (si, donc, l'accident devait se profiler à l'horizon). Quand je l'ai prié d'aller se faire voir chez les Grecs, il s'est figé pendant quelques secondes en se demandant s'il avait bien entendu. Mais parfaitement, il avait bien entendu. J'ai d'autres soucis en tête que mon enterrement, ai-je ajouté avant d'ouvrir la porte et de lui dire adieu. Mais, juste avant qu'il ne s'éclipse, je lui ai refilé un tuyau : à l'occasion, il pourrait passer faire un tour chez Tor et Marianne, là-bas dans leur île. Eux n'avaient sûrement pas planifié leur enterrement avec autant de méthode.

265) Ce printemps-là, je cessais de honnir la reconnaissance du ventre qu'avaient les pigeons. Moi qui avais toujours cru que la terre entière nourrissait ces volatiles, voilà que je me fourrais le doigt dans l'œil puisque seule une écrasante majorité de personnes âgées s'acquittaient de cette tâche (en tout cas dans les parcs où je baguenaudais). Voilà pourquoi, à mon tour, j'ai commencé de les alimenter. Je récupérais le pain rassis dans un sac plastique. La pensée que des gens me trouveraient peut-être gentil et attentionné m'effleurait parfois l'esprit.

J'ai eu un bon contact avec un pigeon en particulier. À vrai dire une pigeonne. Je la baptisais Tone. Tone avait toujours droit aux meilleurs morceaux de pain sec, ou les morceaux que moi, en tant que non-pigeon, jugeais comme étant les meilleurs pour un pigeon. Force m'a été au bout d'un moment de constater que Tone portait une bague en métal autour d'une de ses pattes, au vu de quoi je n'étais franchement pas convaincu d'apprécier la perspective que d'autres que moi aient conscience de son existence. Toujours est-il que c'était manifestement le cas. Je trouvais inacceptable de baguer les pigeons. Cette ignominie, pensais-je, Tor la pratiquait à coup sûr avec les aigles et Marianne la considérait peut-être comme un acte barbare.

Je nourrissais Tone souvent. Pas tous les jours, mais presque. Je me figurais qu'elle m'attendait à proximité du banc avant mon arrivée, et que c'était elle que j'entendais si, la nuit, des bruits d'oiseaux parvenaient à mes oreilles.

266) Il m'arrivait de vadrouiller dans la ville pour faire du lèche-vitrines. Il y avait de belles choses à regarder. Et c'est ainsi que je me suis amouraché d'une femme dans un magasin de vêtements. Debout sur mes deux jambes, je lorgnais cette jouvencelle que j'ai aimée d'amour pendant plusieurs heures d'affilée. Elle parlait dans un téléphone sans fil. Elle évoluait dans la boutique, imperturbable, comme si rien ne s'était passé. Elle traitait cet instrument époustouflant avec un naturel très excitant. S'approchant de la vitrine tandis qu'elle composait un numéro, elle m'a jeté un regard furtif qui, à son tour, a suscité chez moi des pensées portant sur le caractère érotique de l'électronique de pointe. Elle s'est assise à un bureau, a feuilleté un magazine, le tout sans cesser de discuter, et il m'apparaissait d'une simplicité enfantine de devoir aimer d'amour une femme autant à tu et à toi avec la technologie moderne.

J'étais démangé par l'envie d'entrer afin de lui raconter les choses telles qu'elles étaient. Or l'affaire s'est soldée par un retour chez moi, sans qu'elle sache jamais que j'étais au monde.

Je ne m'en rendais pas compte, mais je venais certainement d'avoir eu un ancrage rationnel dans quelque chose de plus dense que moi-même.

267) Un jour, je me suis senti étrangement contrarié et mal à l'aise en ce bas monde. J'ai rendu visite à Halfred et nous avons joué aux cartes pendant de nombreuses heures. À la fin, je n'en pouvais plus et j'ai dit à Halfred que je ne trouvais vraiment pas que la vie valait le coup d'être vécue. Halfred m'a regardé en

disant qu'il comprenait qu'il soit possible d'avoir de telles pensées mais que, d'un autre côté, il avait du mal à s'imaginer ce qui valait le coup d'être vécu si ce n'était justement la vie. Et j'ai bien été forcé d'admettre qu'il tenait là un argument imparable. Tu l'as dit, ai-je dit.

268) Mon père m'a appelé. Après un bonjour liminaire, il a poursuivi son introduction en me demandant si je mangeais à ma faim et tout. J'ai dit que oui. Il m'a alors demandé, de but en blanc, si je n'avais pas songé à recontacter Marianne. J'ai dit que non, que je n'y avais pas songé. Mon père estimait que ce ne serait peut-être pas si idiot d'y songer (Marianne avait été si mignonne, si douce, selon lui). Là, j'ai compris qu'il s'inquiétait de me savoir passer autant de temps tout seul.

Je lui ai demandé comment il en était venu à y penser. Non, pour rien, a répondu mon père. Rien de particulier. Il voulait juste m'en parler.

269) Voilà donc comment j'en suis venu à repenser à Marianne. Je pensais, et elle prenait forme à l'intérieur de moi, une manifestation que je trouvais proprement désagréable et superflue. Dommage que je n'aie initié cette réflexion que maintenant, alors même que j'avais refoulé Marianne et toute sa personne avec un tel brio. Je ne pouvais toutefois rien y faire, ce que je n'étais pas sans apprécier. J'appréciais de pouvoir me dire que je ne pouvais pas y faire grand-chose. D'une certaine manière, cela me rendait victime de mes pensées et esclave de mes pulsions. Il n'y avait pas l'ombre d'un doute que j'étais un individu passionné.

Toujours est-il que je vivais toujours en ville alors que Marianne ne décolérait pas, là-bas sur une île au beau milieu de la mer. Ça crevait tout autant les yeux qu'il était hors de question de lui écrire. C'était tout de même elle, et non moi, l'instigatrice d'une relation avec Tor, et puis merde, quoi, il y avait des limites à tout.

J'avais un travail dont le niveau d'affaires courantes à liquider diminuait graduellement, et je nourrissais ma pigeonne avec un enthousiasme certes moins délirant mais toujours aussi charmant. Néanmoins, affirmer que j'allais bien, que j'avais la pêche et que je me masturbais avec insouciance le soir venu – c'était là, pour le moins, autant d'allégations qu'absolument rien ne justifiait.

270) Est venue une période quasi vide d'événements.

Tone s'est peu à peu retirée pour disparaître définitivement. Elle n'attendait plus avec impatience près du banc que j'arrive armé de mon sachet de miettes. J'ai pensé qu'elle s'était sans doute envolée vers des contrées plus chaudes, mais quelqu'un m'a informé que les pigeons ne sont pas des oiseaux migrateurs. J'ai été très vexé de l'apprendre. J'ai laissé les pigeons à leur sort de pigeons et j'ai perdu tout intérêt pour eux.

Au travail, il s'est produit des changements tels qu'un beau jour, on m'a tendu un badge avec mon nom gravé dessus. Je l'ai attaché à ma chemise et mes collègues se sont mis à m'appeler par mon nom de famille. Je me suis dit que c'était toujours ça de pris. Sans oublier que cela ne faisait pas de doute. Que c'était mon nom.

Puis l'hiver est arrivé, suivi du printemps, suivi à son tour d'un nouvel été et, un soir du début de cet été-là, on a sonné à ma porte.

C'était Marianne.

C'est toi ? ai-je demandé. Puisque c'était elle. Qu'est-ce que tu crois ? a-t-elle demandé. Oh, ce que je crois, hein, tu sais.

271) J'ai dit que j'étais surpris, moi qui croyais qu'elle ne reviendrait plus jamais en ville. Écartant puis baissant les

bras, elle a dit que je savais parfaitement combien il était facile de prononcer des phrases grandiloquentes quand on était en forme, mais qu'il en allait tout autrement quand la partie était terminée. J'ai voulu savoir si la partie était terminée et il lui a semblé que oui.

Mais, Tor ? ai-je demandé. Euh, Tor, a-t-elle répondu en me laissant comprendre qu'il n'avait qu'une obsession : les aigles. J'ai voulu savoir si son obsession pour les aigles le travaillait la nuit aussi. Oui, la nuit aussi, a confirmé Marianne. Hochant la tête, j'ai glissé que ça ne faisait pas un pli, qu'un homme dont l'obsession pour les aigles le travaillait aussi la nuit devait fatalement échouer à plus ou moins brève échéance.

272) Marianne s'est trouvé un studio. Pas très loin de mon appartement. À une vingtaine de minutes à pied, à vue de nez, en adoptant des foulées élastiques (si tant est que les feux de croisement veuillent bien condescendre à être de notre côté – ce que généralement ils étaient). Néanmoins, je n'y allais que rarement.

Elle était donc revenue. Aussi brusquement que la fois où nous nous étions mis ensemble, et aussi brusquement que la fois où nous avions mis fin à notre relation, quand Tor avait déboulé. Elle était bel et drôlement bien revenue. Nous habitions cependant chacun chez soi, et ni moi ni d'autres personnes ne croyions que Marianne et moi étions amants.

Nous ne nous voyions pas souvent, mais nous nous voyions, et ni elle ni moi ne rencontrions davantage d'autres personnes que nous nous rencontrions l'un l'autre.

273) Mais, Lollik ? a-t-elle demandé. Euh, Lollik, ai-je répondu. Et Marianne de demander avec circonspection si Lollik n'avait pas été un brin vulgaire (en définitive). J'ai dit que, pff, c'était bien possible, puis nous sommes restés silencieux un long moment. Après quoi nous avons débordé de douceur et de gentillesse l'un envers l'autre. En convenant tous deux qu'il valait peut-être mieux que certains individus plutôt que d'autres soient vulgaires.

274) Il arrivait parfois, quand nous marchions dans la rue, que Marianne me prenne la main, un geste que je n'appréciais pas du tout. Je trouvais alors moult excuses d'une subtilité aléatoire pour garder les mains libres.

Un soir, sans autre préliminaire, Marianne a voulu que nous fassions l'amour. Et nous l'avons fait. Nous avons eu un orgasme exactement au même moment, ce que j'ai trouvé prodigieux. Exalté, j'en reparlais encore longtemps après. Marianne m'écoutait tandis qu'elle s'allumait des cigarettes. Puis elle s'est dite contente de me voir ainsi jubiler mais que, pour sa part, elle était coutumière du fait.

275) J'ai interrogé Marianne sur son rapport aux téléphones sans fil. Elle n'aimait pas ces engins, affirmait-elle, sans pour cela être en mesure d'expliquer pourquoi. Elle devait bien avoir une raison, estimais-je. Or non, elle ne le devait pas.

276) Ça m'a pris comme l'envie de pisser : je voulais me faire couper les cheveux. Surprise de mon initiative,

Marianne m'a complimenté. Elle savait très précisément où je devais aller, m'assurait-elle, et il était primordial qu'un homme du nom de Tim me coiffe. Ce Tim était une vieille connaissance qui allait, me garantissait-elle, avoir un coup de ciseaux dont je lui dirais des nouvelles, et saurait se montrer très attentif, me garantissait-elle aussi.

Assis dans mon fauteuil de coiffeur, tendu, je n'ai pas réussi à avoir assez de cran pour m'enquérir auprès de l'homme aux ciseaux s'il se prénommait Tim mais, à en croire Marianne, ce pouvait être lui ou n'importe qui d'autre. Quand il m'a demandé quel était le problème, j'ai répondu (comme de juste) qu'il n'y avait pas de problème, mais qu'il pouvait néanmoins me couper les cheveux, court. Court comment ? voulait-il savoir. Ce à quoi j'ai alors répondu qu'il pouvait en enlever de manière à ce que ça ne laisse pas de doute. De doute sur quoi ? voulait-il à présent savoir. Que c'est court, ai-je ponctué.

Et il coupait, et ça ne faisait aucun doute. Court était le mot. Du coup, j'ai songé qu'il était tout de même extravagant qu'un mot puisse soudain surgir et devenir parfaitement congruent.

277) Sauf que ce n'est pas Tim qui m'a coupé les cheveux et Marianne était blessée que je n'aie pas suivi ses conseils. Ça ne s'est pas fait comme ça, c'est tout, ai-je tenté. Mais Marianne estimait que c'était à moi de faire en sorte que ça se fasse comme ça, et elle estimait aussi que mon excuse comme quoi je ne savais pas du tout à quoi ressemblait Tim ne tenait pas une seule seconde.

J'aurais dû demander, j'aurais dû m'assurer que l'homme aux ciseaux s'appelait Tim. Je ne l'avais pas fait, et Marianne me jetait la pierre pour ça. J'étais pitoyable, bon à rien, infichu de régler le moindre truc. J'étais tellement décourageant que c'était à désespérer de moi.

J'ai souligné que, dans l'éventualité où j'aurais insisté pour avoir Tim, j'aurais dans le même temps mis en doute les capacités de l'autre homme. Oui, et alors ? s'interrogeait Marianne.

Quoi qu'il en soit, il ne faisait pas de doute que j'étais bien coiffé, même si Marianne ne pouvait s'empêcher de mentionner que nous n'aurions jamais la chance de constater combien j'aurais pu être beau puisque je n'avais pas laissé Tim me couper les cheveux. Eh non, nous n'aurions jamais cette chance. Là, je me voyais forcé de lui donner raison.

278) Un soir en goguette, avec les gars et des litres de bière. Bent, Glenn, Halfred, et d'autres encore. Ivres morts, nous nous demandions qui avait besoin des filles. Je ne faisais pas partie de ceux qui avaient le moins biberonné, et je m'amusais aux dépens de Marianne. Éclatant d'un rire sonore, j'ai raconté quel type de protection périodique elle utilisait. Je l'ai aussitôt regretté.

279) Marianne m'a rendu visite un soir. Elle avait apporté un sac de pommes. Caressant mes cheveux d'une longueur millimétrique, elle m'a assuré que j'avais un crâne à la forme avantageuse.

280) Une semaine plus tard, elle m'appelait alors que j'étais en train de jouer aux petits chevaux avec Halfred. Elle m'a demandé si je savais quoi, et j'ai répondu que non. Voilà, a-t-elle dit, elle avait réfléchi et en était arrivée à la conclusion que nous devrions revivre ensemble. Elle le croyait vraiment ? Il se montrait qu'elle le croyait vraiment.

Je lui ai dit que, spontanément, ça ne m'apparaissait pas être une bonne idée. Telles que je voyais les choses, l'entreprise me semblait au bas mot périlleuse, sinon une bourde monumentale. Marianne s'est fendue d'un rire sarcastique avant de me conseiller de ne pas tant m'attacher à l'effet que les choses produisaient spontanément sur moi. D'accord. J'allais y songer.

J'ai raconté à Halfred la proposition de Marianne, lequel s'est contenté d'un eh oui, avant d'envoyer valdinguer quatre de mes chevaux paître à la case départ. Halfred affirmait, pouffant, qu'il n'y avait pas plus débile que de vouloir faire rentrer quatre chevaux en même temps. Dangereux, même. J'ai gardé mon sang-froid face à cette perte totale, en essayant plutôt de me concentrer sur Marianne.

Halfred voulant faire une autre partie, j'ai répondu pourquoi pas.

281) Elle s'était remise à venir plus souvent, Marianne. Plusieurs soirs par semaine. Comme autrefois, juste avant que j'aille me coucher. Nous avions tant de choses à nous dire, selon elle. Elle me demandait si je me souvenais de ceci ou de cela, et je m'en souvenais effectivement. Elle a dû être épatée de penser qu'il existait en ce

monde des choses dont nous seuls possédions les clés afin d'être en situation de les garder en mémoire. Dès que le sujet revenait sur le tapis, ce qui n'était pas rare, j'admettais avec elle que c'était une pensée vertigineuse. Et donc elle parlait, et les intervalles entre chacun des instants où elle cherchait mon regard s'espaçaient de plus en plus. Or à chaque fois j'étais là, comme qui dirait dans l'expectative. Je les connaissais désormais sur le bout des doigts, ses intervalles. Une vieille habitude.

282) Un soir où j'avais un peu gambergé, je le lui ai dit. Je lui ai dit qu'il y avait des situations qui devraient n'être vécues qu'une seule fois dans l'existence. Nous avons besoin d'événements qui attestent d'un développement, disais-je. Des événements susceptibles de provoquer en nous une joie immense à l'idée qu'ils surviennent, des événements que nous soyons capables de vivre à fond quand justement ils surviennent puis de nous rappeler quand ils sont passés. Ce sont de tels événements qui attestent que le temps existe, disais-je – et je n'étais pas dupe de son attitude, elle qui levait les yeux au ciel, peu intéressée par ce que j'avais à lui raconter.

Notre relation atteste qu'un tel laps de temps s'est écoulé, ai-je continué, un laps de temps qui a eu un début mais qui aussi, selon moi, a eu une fin. Nous ne devrions pas l'étirer indéfiniment. Nous devrions reconnaître que certaines choses prennent fin, voilà tout.

Je trouvais que mon explication tenait debout et qu'elle se suffisait à elle-même. Voire, j'entrapercevais la possibilité de me sortir plus ou moins indemne de cette conversation.

Puis ç'a été au tour de Marianne de s'exprimer. Je pensais beaucoup trop, estimait-elle, mes pensées constituaient un obstacle pour moi-même, j'étais bien trop absorbé par ce qui allait advenir plus tard, et je devais reconnaître que nous autres êtres humains ferions mieux de nous concentrer sur des choses plus immédiates que de collecter des souvenirs. Elle, personnellement, se fichait royalement de tout ce qui n'avait pas trait à l'instant présent, disait-elle, ce que je devrais moi aussi songer à faire. De toute façon, je pensais beaucoup trop de manière générale. La discussion portait sur nous (j'ai été superbement ignoré lorsque j'ai souligné que pas un seul instant, je n'avais cru qu'elle portait sur qui que ce soit d'autre que nous). Nous devions envoyer chier les autres tous autant qu'ils étaient. Leurs expériences n'étaient pas les nôtres, ne le seraient jamais, et puis merde, quoi, on n'était pas bien, là, tous les deux, oui ou non ? Si si, on n'était pas si mal. Ha, eh bien je voyais, là. Oh, et puis allez, on n'avait qu'à en rester là. A ponctué Marianne.

283) J'ai dit à Marianne que son plus gros problème, c'était qu'elle ne savait pas écouter. Bien sûr que si, je sais ! s'est-elle exclamée. Non, tu ne le sais pas, ai-je corrigé – et elle de camper sur ses positions. On a l'impression que tu écoutes, ai-je souligné. Elle, de son côté, n'en démordait pas et je serais plus avisé de ne pas m'attacher aux impressions et aux faux-semblants. Elle écoutait, et basta.

Mais comment se fait-il alors, Marianne, que quand tu prends tes distances par rapport à quelque chose, je suis censé respecter cette réserve trois fois plus que tu ne le fais quand c'est moi qui prends mes distances ? Elle estimait que ça avait sans doute à voir avec le fait que, en règle générale, elle possédait une faculté nettement plus développée que moi à se démarquer de l'objet par rapport auquel nous avions pris nos distances. Elle, elle était franche, assurait-elle. Moi, j'étais lâche, assurait-elle aussi. Il fallait quand même qu'un jour, je m'enfonce dans le crâne qu'il n'est pas possible de prendre ses distances par rapport à quelque chose et, simultanément, de garder une distance tellement minime qu'elle se pulvérise en un instant. C'est de la lâcheté, estimait-elle encore.

Je n'avais rien à répondre à cela. Pour autant que je sache, il était fort probable qu'elle ait raison.

284) Trois bonnes soirées durant, Marianne n'a eu de cesse de ratiociner sur son compte, sur l'air connu de : avec elle, c'était sans compromis possible. Elle perlait sa rengaine d'allusions plus que fréquentes à ma lâcheté. Irrité sur les bords, j'ai fini par lui faire entendre que je n'étais pas bouché à l'émeri et que j'avais parfaitement capté son message, mais que si elle le désirait, elle pouvait le répéter jusqu'à plus soif (dans l'hypothèse où, ce faisant, elle souhaiterait avoir la certitude que j'aie bien assimilé). J'étais, jugeait-elle, arrogant et grossier, et je ne me suis nullement ingénié à cacher que c'était justement ce que j'avais cherché à être.

Un long silence s'est déposé entre nous. À un moment donné, j'ai dit qu'elle ne devait pas douter que je l'aimais bien, vraiment bien. Et, l'instant après,

Marianne a dit à son tour qu'elle m'aimait bien. Puis nous nous sommes regardés.

285) Mais tout ça, ai-je objecté, ne signifiait pas pour autant que nous ne devions pas vivre ensemble. Marianne se demandait ce que ça pouvait alors bien signifier sinon ça. Dis-le, toi, ai-je dit. Là, Marianne a insisté sur mon incommensurable lâcheté dont nous avions, une nouvelle fois, la preuve éclatante. Recommence pas avec ça, l'ai-je avertie. Ce qui ne l'a pas empêchée de recommencer avec ça. Avec ça et pas autre chose.

286) Un soir, sortant les gaufres du congélateur, j'ai suggéré que nous pouvions parfaitement être amis même si nous ne vivions pas ensemble. Or non, nous ne le pouvions absolument pas. Il n'en était pas question. Surtout pas. Ça y est, tu nous rejoues les læstadianistes, lui ai-je fait remarquer. Là, elle a admis qu'elle en était une, oui. Et donc elle a cédé. Nous pouvions être amis.

Mais ça veut dire quoi, au fond, être amis ? demandait Marianne. Car de fait, les limites de l'amitié se montraient un peu floues tant pour elle que pour moi. Je m'interrogeais pour savoir si, par exemple, cela signifiait que nous pouvions coucher ensemble (comme ça, en passant – quand l'occasion se présentait). Oui, Marianne ne voyait pas ce qui pourrait nous en empêcher. Et là, tout de suite ? ai-je voulu savoir. Pourquoi pas, a-t-elle répondu. Et nous avons donc retiré tous nos vêtements.

287) Il m'arrivait toujours de m'assoupir pendant qu'elle parlait. Mais elle ne s'en formalisait pas. Si j'arpentais la pièce en me lavant les dents, elle me demandait juste si j'avais peur d'avoir des caries, car si je voulais, elle pouvait m'accompagner chez le dentiste.

288) Une des rares fois où j'ai osé me mettre en avant, nous avons échangé quelques points de vues. Je lui ai demandé son opinion sur le fait de vieillir (prenons le colonel, par exemple). Fallait-il en permanence s'en soucier, aménager le quotidien en perspective de la vieillesse, ou bien devait-on plutôt dépenser sans compter et mener la grande vie ? J'ai précisé que j'y songeais souvent. Quel avis avait-elle, elle ? Non, mener la grande vie ne lui semblait pas être une bonne idée. Elle n'y croyait pas. Elle pensait au contraire qu'il valait mieux laisser voir venir les choses, voilà à quoi elle croyait – et là, elle m'a jeté un regard oblique sans que je parvienne à en comprendre le sens. Elle, a-t-elle ajouté, n'avait rien contre le fait de vieillir (d'ailleurs, peut-être qu'elle devait commencer à s'y préparer). J'ai senti que j'avais une bonne avance et que je faisais déjà partie des gens qui sont encore honteusement bien pour leur âge.

289) Marianne se demandait comment je la représenterais si quelqu'un m'interrogeait à son sujet ? Pourquoi se posait-elle cette question ? Non, pour rien, c'était juste une pensée qui lui avait traversé l'esprit. Je lui ai répondu que j'aurais sûrement dit qu'elle était très gentille. Gentille ? a répété Marianne. Gentil, voilà bien un mot, m'informait-elle, avec lequel elle n'était pas en très

bons termes, ce sur quoi je lui ai suggéré de peut-être songer à renverser la vapeur.

290) Elle venait souvent désormais. Marianne. Elle donnait deux petits coups de sonnette énergiques et souriait sans vergogne quand j'ouvrais la porte. Constatant un jour que je m'étais assoupi, elle s'est vexée et m'a demandé si elle était quelqu'un de soporifique au point que je ne sois même pas capable de garder les yeux ouverts. J'ai répondu que, pour être franc jusqu'au bout, j'étais extrêmement fatigué et que je ne pouvais pas savoir si elle était quelqu'un de soporifique puisque, ainsi qu'elle l'avait constaté, je dormais.

Marianne n'a pas du tout aimé ma réponse. Du coup, elle a préféré mettre les voiles illico. Ce n'est pas que je croyais qu'elle n'avait pas d'autres endroits où aller. Effectivement, je ne le croyais pas. Et puis, si j'avais quoi que ce soit de meilleur à faire, autant la prévenir tout de suite. Meilleur, oui et non, ai-je modéré. Ou alors, dormir, dans ce cas. Tant et si bien qu'elle est rentrée chez elle. Bonne nuit alors, ai-je dit. Bonne nuit toi-même, a-t-elle dit.

291) Un soir de bonnes dispositions, j'ai demandé si Marianne croyait que l'être humain dispose de son libre arbitre, ce à quoi elle m'a répondu que oui, et que je pouvais me le mettre où elle pensait. Et d'ailleurs, soit dit en passant, a-t-elle dit, je n'avais pas besoin de faire semblant d'être passionné par le sujet. Elle savait pertinemment, elle, que le libre arbitre, la volonté et tous ces machins, moi, je m'en battais les couilles. Je suis entré

dans une colère noire. Du coup, je lui ai demandé s'il lui arrivait par le plus grand des hasards de penser au genre de relation qui nous liait, elle et moi. Elle a répondu, comme d'habitude, qu'elle, ce qui l'intéressait, c'était l'instant présent et rien d'autre. Et d'ailleurs, elle ne pensait jamais au genre de relation qui nous liait. Jamais ? ai-je insisté. Non, pour ainsi dire jamais. Ce que j'ai trouvé pas ordinaire.

292) Elle venait tous les soirs désormais. Elle s'est même mise à me téléphoner au travail, à me demander si elle pouvait apporter telle ou telle chose (des œufs, peut-être ? un poivron ?). Comme ça me semblait une bonne idée, je le lui ai dit : bonne idée !

Elle parlait toujours de la tranquillité qu'elle aimait tant, du bien-être que constitue le simple fait d'être seul. Trouver le calme intérieur. L'équilibre. Puis elle embrayait sur son studio. Elle ne s'y plaisait pas. Elle devrait peut-être se trouver autre chose, proposais-je – et elle d'acquiescer, mais sans jamais rien entreprendre. De temps à autre, elle m'interrogeait sur la possibilité de vivre ensemble, est-ce qu'elle tenait toujours ? Je répondais que je n'y avais pas réfléchi, et donc la question demeurait ouverte. Nous n'étions ni l'un ni l'autre en mesure de prononcer à ce propos la moindre parole sensée, et Marianne n'était pas en reste.

293) Un soir, je m'étais couché inhabituellement de bonne heure. J'espérais être endormi avant l'arrivée de Marianne et effectivement, je dormais profondément mais ai été réveillé par la sonnette. J'ai ouvert la porte

avec des gestes lourds et suis tombé nez à nez sur Marianne, qui voulait savoir pourquoi j'avais mis tant de temps, si bien que j'ai dû lui expliquer que je dormais. Quand elle m'a demandé si je préférais qu'elle parte afin que je continue ma nuit, j'ai hoché la tête. Sauf qu'elle n'a pas dû le voir puisqu'elle avait déjà retiré ses chaussures qu'elle rangeait à présent sagement dans la petite armoire qui leur était dévolue.

Elle m'a d'emblée interpellé en déclarant qu'elle commençait à croire que j'avais voulu l'embobiner. L'embobiner ? ai-je répété. Mais dans quel but ? Eh bien dans le but de lui faire croire que je n'étais pas à la maison, par exemple. Et pourquoi aurais-je une idée pareille ? Ça, elle l'ignorait. Mais je pouvais très bien avoir mes raisons.

J'ai répondu que oui, effectivement, je pouvais très bien en avoir.

294) Il s'est révélé, quelque temps plus tard, que Marianne était enceinte. De Tor. Marianne s'était laissée féconder.

Je lui ai fait comprendre qu'elle commençait sérieusement à me les briser menu. Elle m'a aussitôt prié de me calmer en ajoutant que je ne devais pas réagir au quart de tour. Quelle importance que l'enfant soit de moi ou de Tor ? Je ferais un aussi bon père que Tor aurait pu l'être lui-même. À en croire Marianne.

Après quoi nous avons jeté un œil à des photos de bébés et force m'était d'avouer que certains étaient tellement mignons que c'en était inquiétant.

295) Marianne m'a appelé au travail pour me demander si un dîner, tous les deux, chez moi, était prévu au programme. Oui, ai-je répondu, il l'est assurément. Et il l'a été.

Une légère incertitude s'est greffée à la question de savoir si nous devions faire les courses en solo, ou bien de conserve. J'étais pour ma part assez séduit par la perspective d'aller ensemble à l'épicerie, de poser la marchandise dans le chariot et de discuter de ce que nous aimions et n'aimions pas. Marianne s'est dressée sur ses ergots : il fallait systématiquement que tout devienne emberlificoté par ma faute ; étais-je obligé d'avoir une attitude pareille ? Non, je n'étais pas obligé, ai-je dit. Bon, dans ce cas c'est moi qui ferai les courses, a-t-elle dit. Et j'ai dit oui, pas mécontent que l'un d'entre nous ait tranché et que je n'aie pas été celui-là.

Nous avons préparé le repas et Marianne trouvait insensé qu'il faille que tout et n'importe quoi ait un goût de tomate.

296) Marianne parlait, encore et toujours (son père, Tor, les livres sur le massage intime, le lait demi-écrémé, l'enfant à venir, et j'en passe). Elle avait recommencé à poser sa brosse à dents sur une étagère de la salle de bain, sa serviette personnelle sur la patère, et nous dormions de plus en plus fréquemment dans le même lit. Elle parlait tandis que je dormais, complètement ou à demi, et me lisait à voix haute certains articles de journaux, le matin, juste avant que je parte travailler. Elle n'allait pas passer tant de nuits chez moi, m'assurait-elle, quelques-unes seulement, le temps pour elle de nettoyer son horrible studio. Or ce temps, elle ne l'a jamais pris.

297) Marianne tricotait des habits de bébé et voulait que je passe un coup de fil à ma mère pour qu'elle s'y mette elle aussi. Je n'ai passé aucun coup de fil. Tu ne vois pas que tu es encore en train de dépasser les bornes, là ? ai-je demandé. Quelles bornes ? a-t-elle répondu. Puis elle m'a jeté un coup d'œil avec son regard bleu clair.

298) Bon alors, est-ce qu'on est de nouveau amants ? ai-je demandé, un soir, au début de l'automne. Marian-

ne ne savait pas vraiment, mais elle le supposait. Il me semble, oui, tu ne crois pas ? a-t-elle répondu.

299) Et, pour une fois, Marianne ayant épuisé tous les sujets de conversation qu'elle devait aborder, nous nous sommes couchés de bonne heure. Quoique épuisés, nous avons eu envie de faire l'amour, ce que nous avons fait et c'était bien en tous points.

Marianne s'est endormie comme une souche tandis que je suis resté éveillé dans le lit en pensant que tout était comme avant. Il ne se serait donc rien passé de grave ? m'étonnais-je. Tout irait donc pour le mieux depuis le départ ? Mais je ne savais quelles réponses apporter.

Si tout est comme avant, cela signifie par conséquent que la situation n'est pas dramatique, que tout va pour le mieux non seulement en ce moment mais depuis le départ. Dans le cas contraire, cela signifie alors que rien ne va pour le mieux, ni en ce moment ni à aucun moment.

Et j'ai regardé Marianne, puis ses lèvres. De belles lèvres, de très belles lèvres.

Et je me suis endormi avec ces pensées-là dans ma tête.

300) Et, au beau milieu de la nuit, je me suis réveillé.

Sidéré à l'idée que la seule personne dans ce monde qui va vivre ma vie, c'est moi.

Impression réalisée sur Presse Offset par

CPI
Brodard & Taupin

La Flèche (Sarthe), 46060
N° d'édition : 4044
Dépôt légal : mars 2008

Imprimé en France